왕을 낳은 후궁들

왕을 낳은 후궁들

1판 1쇄 발행 2007. 9. 14.
1판 16쇄 발행 2018. 10. 11.

지은이 최선경

발행인 고세규
발행처 김영사
등록 1979년 5월 17일 (제406-2003-036호)
주소 경기도 파주시 문발로 197(문발동) 우편번호 10881
전화 마케팅부 031)955-3100, 편집부 031)955-3200 | 팩스 031)955-3111

값은 뒤표지에 있습니다.
ISBN 978-89-349-2668-9 04900
      978-89-349-2158-5 (세트)

홈페이지 www.gimmyoung.com   블로그 blog.naver.com/gybook
페이스북 facebook.com/gybooks   이메일 bestbook@gimmyoung.com

좋은 독자가 좋은 책을 만듭니다.
김영사는 독자 여러분의 의견에 항상 귀 기울이고 있습니다.

왕을 낳은
후궁들

최선경 지음

김영사

청와대 옆 궁정동에는 칠궁七宮이 있다. 무슨 궁궐인가 싶겠지만 그곳은 일곱 후궁들의 신주를 모셔놓은 사당이다. 조선 왕실의 수많은 후궁들 중에서 일곱 명만 특별히 모셔놓은 이유는 그녀들이 '왕'을 낳았기 때문이다. 원래는 일곱 개의 사당이 각기 독립된 궁의 형태로서 다른 곳에 위치해 있었다. 그러나 융희 2년(1908) 제사제도를 정비하면서 육상궁毓祥宮 안으로 다섯 사친묘를 합사하여 육궁이라 하였으며 1929년 덕안궁이 옮겨오면서 칠궁이 되었다. 지금은 청와대 때문에 이곳의 출입이 자유롭지 못하지만 칠궁은 사당으로서 종묘 다음 가는 지위였다.

그 각각의 이름을 나열하자면 장희빈의 대빈궁, 숙빈 최씨의 육상궁, 사도세자의 어머니 영빈 이씨의 선희궁, 순조의 어머니 수빈 박씨의 경우궁, 영친왕의 어머니 엄 귀비의 덕안궁 그리고 잘 알려지진 않았지만 영조의 후궁이면서 진종의 어머니인 정빈 이씨의 연호궁, 선조의 후궁이면서 원종의 어머니인 인빈 김씨의 저경궁이다.

조선 후기에는 유독 아이를 낳지 못하는 왕비들이 많아 후궁의 아들이 왕이 되는 일이 생겨났다. 그러한 후궁들은 양반 출신이 아닌 경우가 더 많았다. 그러나 왕이 된 아들이 직접 참배하는 곳이었으니 칠궁은 더 이상 미천한 후궁의 사당이 아니었다.

그녀들은 분명 행운의 여인들이었지만 그 영광은 안타깝게도 죽은 후에나 받을 수 있었다. 순조의 모친인 수빈 박씨를 제외하고는 모두 아들이 왕이 되기 전에 사망했기 때문이다. 그래서 이곳에서는 정작 신주의 주인인 후궁들보다 왕이 된 아들의 사모의 한이 더 강하게 느껴진다. 영조는 숙빈 최씨의 사당 육상궁을 짓고는 직접 제문을 지어 올리며 흐느껴 울었다.

"어머니! 당신의 못난 아들이 이제야 당신을 제대로 모실 수 있게 되었습니다."

그러고는 재임 후기 20여 년 동안 200회 이상 육상궁을 참배했다. 또한 왕의 생모에 대한 예우를 달리하여 별도의 사당을 짓고 '궁宮'이라는 칭호를 붙이게 하였고, 무덤은 '묘墓'가 아닌 '원園'으로 승격시켰다. 영조 때 비롯된 궁원제는 이후 다른 후궁들까지 그 혜택을 입게 되었고 육상궁은 왕의 생모를 위한 추존의 표본이 되었다.

조선의 후궁에 관한 이야기를 쓰는 몇 개월 동안 권력의 그늘 아래서 고통 받았던 여인들과 그 어머니를 그리는 왕들을 만날 수 있었다. 그리하여 '왕의 여자'보다는 '왕의 어머니' 쪽에 초점을 맞추어 이야기를 풀었다. 대부분 후궁들은 남편보다는 아들과의 관계에서 절절한 사연을 더 많이 남겨놓았기 때문이다. '후궁'이라는 주제에 대해 삼천궁녀를 떠올릴 만한 흥미 있는 스캔들을 기대했다면 이 책은 그 기대를 만족시키지 못할 것이다.

자료를 조사하는 과정에서 후궁 관련자료도 부족하고 체계적으로 정리되어 있지 않아 어려움을 겪었다. 어떤 경우는 자료마다 출생 연대 또는 신분이 달랐다. 왕을 낳은 왕실의 여인조차도 이 정도인데, 일반 여성의 기록은 오죽하랴! 4년 동안 여성의 역사를 찾아다니며 느낀 결론은 이것이 여성 역사의 현주소라는 점이다. 여성에 대한 역사 기록이나 연구가 미흡한 현실에서 정확한 연대기나 기록을 기대하기보다는 그 속에 숨겨진 그녀들의 삶을 읽어내는 상상력이 더 필요할 듯하다.

드러나지 않은 역사, 조용히 남편과 자식을 뒷바라지하다가 역사 저편으로 사라져간 우리 어머니들의 모습이 바로 우리 여성들의 역사였다. 자신의 출세와 성공보다는 아들의 성공을 통해서만 그 존재의미가 부여되던 시절이었다. 그러기에 여성사는 현대의 냉정한 잣대로 평가하기보다는 그렇게 살 수밖에 없었던 그녀들의 현실적 조건들을 이해하는 따뜻한 시선이 요구된다.

가문의 대를 이어야 하는 책임이 막중한 만큼 아들을 낳은 여인은 권력을 가질 수 있었다. 민가에서나 왕실에서나 아버지가 사망한 집안에서 최고 권력자는 아들의 어머니였다. 전국 곳곳에 아들을 기원하는 기자신앙祈子信仰의 유물이 많은 이유가 여기에 있다. 반면, 왕위를 계승할 왕자를 낳지 못하는 왕비는 국모라 하더라도 깊은 구중궁궐 안에서 쓸쓸히 죽어갔다. 심한 경우에는 인현왕후처럼 쫓겨나기도 했다. 그렇다고 아들을 낳은 후궁의 지위가 크게 달라지는 것은 아니었다. 신분이 비천하다 하여 아들이 왕위에 올랐어도 어머니의 추존 과정은 번번이 좌절되고 말았다. 연산군의 어머니 폐비 윤씨와 광해군의 어머니 공빈 김씨는 왕후로 추존되었다가 아들이 폐위되면서 서인으로 추락하였고 엄귀비 역시 황귀비까지 올랐지만 황후가 될 수는 없었다. 후궁의 이미지가 화려하게 포장되었을 뿐 현실은 그리 녹녹하지 않았던 것이다.

이 책에서는 칠궁에 모셔진 후궁들뿐 아니라 단종의 어머니 현덕왕후, 폐위된 연산군과 광해군의 어머니 폐비 윤씨와 공빈 김씨도 소개하고 있다. 그녀들 역시 후궁 출신이며, 현덕왕후는 사후에 왕후로 추존되었기 때문이다. 원종, 진종 같은 추존된 왕들의 경우는 실제 재임한 것이 아니기에 짧게 다루었는데, 장조로 추존된 사도세자의 어머니 영빈 이씨만 별도로 실었다.

후궁들의 이야기는 한편으론 역사의 중심에서 소외된 여성들의 이야기이기도 하다. 그동안 주목받지 못한 계층과 인물에 대한 관심은 역사의 진실에 접근하는 새로운 계기가 될 것이다. 그중의 하나가 잊혀진 여성의 역사를 찾는 일이고, 그것은 현재를 살아가는 여성들의 삶이 역사 속에 기억되는 길이기도 하다. 자식들을 위해 평생을 바친 이 땅의 어머니들. 그분들의 삶이 결코 헛되지 않았음을 알리는 데 이 책이 작은 보탬이 되었으면 한다. 덧붙여 여성사를 공부할 수 있는 기회를 마련해준 서울시 여성가족재단과 함께 활동하는 여성문화유산해설사 모임에도 감사드린다.

2007년 9월

최선경

후궁-첩 이야기

어머니가 천민이면 자식도 천민

후궁이란 쉽게 말해서 첩妾이다. 첩이라는 말은 붙는다는 뜻을 지닌 접接에서 왔다고 한다. 1920년대 조선 여성에 관한 풍속을 저술한 이능화의《조선여속고朝鮮女俗考》에는 당시 첩을 풍자한 노래를 소개하고 있다.

"붉으면 대추, 대추는 달지, 달면 엿이지, 엿이면 붙지, 붙으면 내 첩이다."

첩에 대한 부정적 이미지가 담겨 있는 가사로, 첩에 대한 일반적인 시각을 반영하고 있다. 조선 후기 김만중의《사씨남정기謝氏南征記》에서도 첩은 독하고 음란하여 착한 본처를 내쫓고 남편의 사랑을 독차지하는 악녀의 이미지로 등장한다. 그 대표적인 인물이 장희빈일 것이다.

그러나 조선시대 첩으로 살았던 여성에게 이러한 사회적 비난은 부당해 보인다. 조선의 신분제는 부계가 아니라 모계 승계를 원칙으로 하기 때문에 아버지가 양반이라 하더라도 어머니가 천민이면 그 자식도 천민이 되었다. 이는 양반 지배층이 늘어나는 것을 방지

하면서 동시에 피지배 계층의 수를 늘리기 위한 장치였다. 가부장 중심의 조선사회에서 유독 신분제만 모계 우선으로 하였다는 것은 결국 조선이 얼마나 양반 사대부 중심국가였는가를 보여준다.

조선 이전의 일부다처제

첩은 삼국시대 이전부터 등장한다. 첩을 둘 수 있는 사람은 주로 권력자였으며, 전쟁에서 패한 나라의 여성은 승전국 지배층 남성의 노비나 첩이 되었다.

고려시대에는 일부다처가 가능했으나 왕실이나 일부 권문세가의 경우에만 성행하였을 뿐 귀족 대다수는 일부일처의 형태를 띠고 있었다. 처가살이가 일반화되었던 고려의 혼인풍습으로 볼 때 처가에 살면서 첩을 두는 것이 쉬운 일은 아니었을 것이다.

고려 태조 왕건의 부인은 모두 29명으로, 동시에 여러 명의 왕후를 두었다. 이는 고려 초기 흩어져 있는 호족들의 세를 규합하고 왕권을 강화하기 위한 불가피한 선택이었다. 원나라 지배 당시 공녀 징발을 강요받자 고려 충렬왕 때 재상이었던 박유는 대안으로 '다처제'의 시행을 건의했다. 하지만 연등회에 가던 박유를 손가락질하며 욕하는 여성들의 대대적인 반대에 부딪혀 그의 제안은 결국 실행되지 못했다. 일부다처의 풍습은 그 이후 지배계층에게 공공연히 유행하였는데, 이는 일부다처제를 선택한 몽골의 영향이기도 하였다.

조선을 건국한 태조 이성계도 함경도 고향에서 혼인한 향처鄕妻가 있고, 개경에서 함께 사는 경처京妻가 따로 있었다. 정식 부인으로 두

명을 둔 셈이다. 첫 번째 부인이었던 한씨가 조선 건국 전에 죽지 않았다면 두 명의 왕후가 동시에 존재하는 조선 초유의 사태가 벌어졌을 것이다. 그 후 조선은 일부일처제를 강력히 추진하였지만 조선 초기에는 여전히 다처의 풍습이 사라지지 않고 있었다. 조정에서는 이를 수습하기 위해 본처 이외의 여인은 모두 첩으로 간주하고, 첩의 자식에게 불이익을 주는 것으로 제도를 정비해나갔다.

일부일처제와 첩의 인정, 후궁제도의 합법화

유교를 신봉한 조선은 신분질서로써 국가기강을 확립하고자 했다. 사대부, 평민, 천민의 신분이 엄격하고 위아래의 질서가 확립되어야 안정된 사회를 유지할 수 있다고 본 것이다. 따라서 양반은 양반끼리 평민은 평민끼리 혼인함으로써 신분의 혼란을 막았다. 일부일처제를 채택한 데에는 고려 말 다처제로 인한 사회 혼란과 풍기문란을 막아보려는 성리학자들의 도덕적 판단이 있었다.

왕실에서도 정비 이외의 여인들은 모두 후궁에 해당되었다. 후궁제도를 체계화한 왕은 태종이다. 태종은 1, 2차 왕자의 난을 일으킬 때 도움을 받았던 원경왕후 민씨와 그 남동생들, 즉 외척세력을 누르기 위한 명분으로 민씨 형제들을 모두 사사賜死하면서 예조禮曹에 일러 중국의 역대 고사를 상고하여 조선의 비빈妃嬪제도를 수립하라 하였다. 즉 후궁제도를 도입하여 외척의 권력을 분산시키고 왕권을 강화하고자 한 것이다.

예조에서 비빈의 제도를 올리었다. "생각건대, 가례嘉禮는 내치內治를 바르게 해서 위로는 종묘를 받들고 아래로는 후사를 잇자는 것이니, 신중히 하여 예를 갖추지 않을 수 없는 것입니다. (중략)《춘추호씨전》을 상고하면, '제후는 한 번에 아홉 여자에게 장가드는데, 적부인이 행하면 질제姪娣가 따른다. 그런 즉 부인이 1이고 잉媵이 2이고 질제가 6이라' 하였습니다. 생각건대, 한漢나라 이래로 천자의 후를 황후皇后라 하였고, 제후의 부인을 비妃라 하였는데, 지금 우리 국가는 이미 적비嫡妃가 있어 중궁에 정위正位하였으나 예전 제도에는 갖추지 못한 것이 있으니, 빌건대 예전 제도에 의하여 훈勳·현賢·충忠·의義의 후예를 선택하여 3세부世夫, 5처妻의 수를 갖추고, 그 칭호는 세부를 빈嬪으로 하고 처를 잉으로 하여, 후세에 법을 삼으면 거의 여망輿望에 합할 것입니다." 1빈 2잉으로 제도를 삼도록 명하였다.

《태종실록》11년 9월 19일

예조에서는 일취구녀一娶九女에 맞춰 1명의 왕비와 8명의 후궁을 제안하였는데, 태종은 최종적으로 1빈嬪 2잉孕으로 정하여 후궁을 세 명까지 둘 수 있도록 하였다. 그밖에 경대부卿大夫는 1처 2첩, 선비[士]는 1처 1첩으로 정하여 후계의 자손을 넓히되 음란함을 막으려 하였다. 원래 첩을 두는 것은 조상 제사를 모실 아들이 없는 경우에 한정되었다. 하지만 태종의 후궁만도 12명이었으니, 법은 형식에 불과했고 사대부들도 첩을 많이 두는 것을 권세의 상징으로 여겼다. 궁관(궁녀)을 포함한 내명부 지위체계는 성종에 이르러 완성되었는데, 경국대전에 명시된 내명부 체계는 다음 표와 같다.

품계	왕궁	세자궁
정1품	빈嬪	
종1품	귀인貴人	
정2품	소의昭儀	
종2품	숙의淑儀	양제良娣
정3품	소용昭容	
종3품	숙용淑容	양원良媛
정4품	소원昭媛	
종4품	숙원淑媛	승휘承徽
정5품	상궁尙宮, 상의尙儀	
종5품	상복尙服, 상식尙食	소훈昭訓
정6품	상침尙寢, 상공尙功	
종6품	상정尙正, 상기尙記	수규守閨, 수칙守則
정7품	전빈典賓, 전의典儀, 전선典膳	
종7품	전설典設, 전제典製, 전언典言	장찬掌饌, 장정掌正
정8품	전찬典贊, 전식典飾, 전약典藥	
종8품	전등典燈, 전채典彩, 전정典正	장서掌書, 장봉掌縫
정9품	주궁奏宮, 주상奏商, 주각奏角	
종9품	주변징奏變徵, 주징奏徵 주우奏羽, 주변궁奏變宮	장장掌藏, 장식掌食 장의掌醫

　　조상제사를 모실 자손을 낳아야 한다는 명분으로 첩을 허락하면서 본처에게는 칠거지악(七去之惡, 시부모에게 순종하지 않는 것, 아들이 없는 것, 음탕한 것, 질투하는 것, 나쁜 병이 있는 것, 말이 많은 것, 도둑질을 하는 것)이라는 내쫓을 수 있는 근거를 마련하기도 했다. 후실 들이는 것을 투기하지 않는 것이 본처의 덕이라고 가르쳤으니, 이 얼마나 남성 중심적 이데올로기인가!

　　축첩제는 여성의 적을 여성이게 했다. 한 남자를 놓고 본처와 첩

이 서로 다투는 일이 많았으며 심지어 살인하는 일까지 생기곤 했
는데, 폐비 윤씨가 자신을 폐출한 성종을 원망하기보다 후궁 엄씨
와 정씨를 증오한 것이 그 예라 할 수 있다. 이처럼 여성 간의 불화
와 갈등을 발생케 한 축첩제는 근본적으로 가부장 질서를 유지하
기 위한 제도였던 것이다.

첩은 본처가 될 수 없다

조선사회는 축첩을 인정한 대신 본처의 지위를 보장해주었다. 일
종의 타협인 셈이다. 《춘추》에도 "첩을 정실로 삼지 말라"고 하였
으니, 비록 첩을 더 아낀다 해도 첩이 조강지처인 본처가 될 수는
없었다. 세종 21년, 정처正妻를 소박하고 비첩婢妾을 정처처럼 대우
한 이중정에게 장 90대의 형벌을 내린 기록이 있다. 첩을 본처로
들이면 관직을 파면하거나 유배 보내기까지 하여, 본처를 내쫓았
을 때보다 중형에 처했다. 이는 양반가의 딸인 본처의 지위를 보장
해주고 처첩의 상하관계를 분명히 하기 위함이다.

신분의 불이익은 첩의 자식에게도 적용되어 서자庶子는 관직 진출
이 제한되었고 양반 신분과는 혼인할 수 없었다. 서녀의 경우 양반
의 첩이 되거나 서자에게 시집갔다. 본처에게는 막강한 지위와 상속
이 보장된 반면 첩은 가마도 탈 수 없었고 재산상속에서도 차별을
받아야 했다.

그러나 이러한 원칙을 깬 것은 조선 왕실이었다. 사가私家에서는
양반가의 딸이 첩이 될 수 없고 첩은 정처가 될 수 없었지만 왕실
에 후사가 없을 경우에는 정식 간택을 통해 양반가의 딸을 후궁으

로 들였다. 이런 경우 후궁이라 해도 처음부터 지위가 높았다. 세종 대에는 세자(문종)의 후궁으로 들어온 권씨가 세자빈에 오르기도 했다. 즉 첩이 정처가 된 것이다.

후궁이 되는 또 다른 방법은 궁녀나 노비가 왕의 승은을 입어 후궁이 되는 경우이다. 조선왕조 500년간 내명부 직첩을 받은 후궁이 120명인데, 정식 간택보다는 궁녀가 승은을 입은 경우가 더 많았다. 그러나 궁녀였던 장희빈이 정비正妃에 올랐던 것은 대단히 이례적인 사건이었으며, 더욱이 그녀의 아들 경종은 왕위에 등극하기까지 했다. 조선 후기로 갈수록 왕비의 후사가 귀해지면서 왕실에서는 안정된 왕위계승을 위해 더 이상 적자를 고집할 수 없는 실정이었다. 하지만 장희빈 사사 이후 숙종은 "후궁이 정비가 될 수 없도록 하라"는 명을 내림으로써 이후 후궁이 왕비가 되는 일은 없었다.

후궁이 낳은 왕이 늘어남에 따라 그 모친의 추존 논쟁이 빈번해졌다. 대표적으로 광해군은 신하들의 반대를 무릅쓰고 자신의 어머니 공빈 김씨를 공성왕후로 추존하고 공빈의 신주를 종묘에 모시기까지 하였다. 이후에도 왕들은 후궁 출신 어머니를 추봉하려 했고 그때마다 《춘추》의 "어미는 아들을 통해 귀해진다"는 논리를 앞세웠다. 이에 신하들은 "사친私親에 대한 정이 지나쳐 예禮를 어기면 질서가 붕괴된다"는 논리로 대응했다. 추존 문제를 놓고 빚어진 이러한 왕과 신하의 갈등을 오늘날 우리는 어떻게 바라보아야 할까.

후궁은 흔히 궁중 암투의 주인공이 되곤 한다. 하지만 조선시대 가장 모범적인 후궁의 덕이란 겸손과 양보였다. "나라가 불행하여 왕비에게 적손이 태어나지 않고 우리 후궁들만 자녀가 있으니, 이는 잠시 전하께서 우리의 배를 빌렸을 따름이므로 너희를 자녀로 대하기가 어렵다"고 한 선조의 후궁 인빈 김씨의 말 속에 후궁들의 현실이 잘 나타나 있다. 즉 정비에게서 후사가 없을 경우 후궁의 아들을 정비의 양자로 입적시켜 왕위를 잇게 하였으니, 후궁들은 자신의 아들조차도 쉽게 대할 수 없었다. 사도세자의 어머니 영빈 이씨와 순조의 어머니 수빈 박씨는 자신의 아들을 기꺼이 정비에게 보냈고, 그로 인해 궁중 내에는 화기和氣가 돌았다고 한다.

후궁의 말년은 쓸쓸했다. 병이 들면 궁 밖으로 나가 치료를 받아야 했다. 특히 자손이 없는 후궁은 왕이 승하하고 나면 동대문 근처에 있는 '정업원淨業院'에 들어가 비구니의 신분으로 선대 왕의 명복을 빌며 말년을 보냈다. 정업원은 유교사회인 조선에서 승방을 인정할 수 없다는 성리학자들의 반발에 따라 선조 대에 혁파되었다. 이후 광해군이 왕기를 누르기 위해 인왕산 밑 옥인동에 세운 자수궁을 '자수원慈壽院'이라 하여 후궁 출신 비구니들의 거처로 삼게 하였지만 이 역시 현종 대에 와서 반대 상소로 폐지되고 말았다. 이렇게 후궁은 사회적으로나 법적으로 인정받지 못하는 불안한 신세였던 것이다.

1

죽어서도 아들을 지킨 어머니
단종의 어머니 현덕왕후 권씨

조선의 왕실사에서 가장 비극적인 사건을 꼽는다면 단종의 죽음일 것이다. 숙부인 수양대군에게 내쫓긴 어린 단종의 애사哀史 그리고 단종을 지키기 위해 죽어간 사육신과 생육신의 이야기는 후세 사람들의 가슴속에 남아 있다. 그리고 그러한 사건에는 여성들의 희생이 뒤따르게 마련이다. 조선시대 역모에 연루된 자의 어머니 또는 아내와 딸들은 나락으로 떨어지는 삶을 감당해야 했던 것이다. 사건의 당사자는 죽는 것으로 끝나지만, 살아남은 여성들은 가족이라는 이유로 원수의 노비가 되어 평생 수모와 굴욕을 견뎌야 했다. 이러한 치욕의 삶은 죽음보다 더한 형벌이 아닐까.

　단종의 어머니 현덕왕후는 세자빈 시절 단종을 낳고 곧바로 세상을 떠났지만 죽음으로써 시련이 끝난 것은 아니었다. 단종에게 사약을 내린 후 세조는 죽은 지 16년이 지난 현덕왕후의 묘를 파헤쳤고 종묘에 있던 신주마저 퇴출시켰던 것이다.

세 번이나 바뀐 세자빈

1421년 8세에 세자로 책봉되어 1450년 즉위하기까지 문종은 가장 긴 세자시기(29년)를 기록한 왕이다. 이 세자시절 문종은 세 번이나 세자빈이 바뀌었는데, 여기에는 세종의 책임이 크다. 셋째 아들로서 왕위를 물려받은 세종은 자신의 경우를 되풀이하고 싶지 않았다. 장자가 왕위를 계승해야 한다는 원칙에 충실하여 일찍부터 맏아들 향珦을 세자로 정하고 왕세자 교육에 공을 들였다. 다행히 세자는 현명하고 효성스러웠다. 그러나 완벽주의자였던 세종도 세자빈 간택만큼은 실패를 거듭했다.

세종 9년(1427)에 간택된 세자빈 휘빈 김씨는 돈녕부판사 김구덕의 손녀이자 김오문의 딸이었다. 명문가 출신이었지만 세자 향의 사랑을 받지 못하자 사가에서 은밀히 사용한다는 여러 가지 방술房術을 사용하다가 발각되어 2년 3개월(1429) 만에 쫓겨나고 만다.

세종은 근정전으로 나와 폐빈 김씨 문제에 대해 하교하기를,

"내가 전년에 세자를 책봉하고, 김씨를 대대로 명가의 딸이라고 하여 간택하여서 세자빈을 삼았더니, 뜻밖에도 김씨가 미혹시키는 방법으로 압승술壓勝術을 쓴 단서가 발각되었다."

《세종실록》 11년 7월 20일

어느 시대나 마찬가지겠지만 조선시대에도 사랑을 얻기 위한 근거 없는 처방들이 유행했다. 휘빈 김씨가 시녀에게서 얻어낸 압승술이라는 것은 "상대방 여자의 신발을 베어다가 불에 태워 가루를 만든 후 술에 타서 남자에게 마시게 하면 사랑을 얻게 되고 저쪽 여

자는 배척을 받는다"는 것 또는 "두 뱀이 교접할 때 흘린 정기를 수건으로 닦아서 차고 있으면 남자의 사랑을 받는다"는 것이다. 실제로 김씨는 자신의 약 주머니에 가죽신의 껍질을 가지고 다니다가 탄로가 났다. 결국 세종은 7월 20일 종묘에 고하여 김씨를 폐하고 사가로 내쫓았다. 세자빈 책봉증서인 책인冊印 또한 회수했다.

> 지금 김씨가 세자빈이 되어 아직 두어 해도 못 되었는데 그 꾀하는 것
> 이 감히 요망하고 사특함이 이미 이와 같기에 이르렀으니, 이러한 '부덕
> 한 자가 받드는 제사'는 조정의 신령이 흠향하지 않을 것이며 왕궁 안에
> 용납할 수 없는 바이니, 도리대로 마땅히 폐출시켜야 할 것이다.
>
> 《세종실록》 11년 7월 20일

폐서인된 휘빈의 아버지 김오문은 치욕과 분노를 참지 못하고 딸을 교살한 뒤 스스로 자결하는 참극을 일으켰다.

곧이어 10월 15일, 순빈 봉씨를 두 번째 세자빈으로 맞아들였다. 그녀의 부친인 봉려의 관직은 당시 종6품의 지방 현감이었으나, 이후 종2품에 해당하는 종부시소윤으로 특진하였다. 그러나 순빈 봉씨는 후궁 권씨가 임신하게 되자 오랫동안 품어왔던 원망과 앙심을 이기지 못하고 소리 내어 울었으며, 그 울음소리가 거처 밖까지 새어나가 멀리서도 들릴 정도였다.

세종이 세자에게 타이르기를 "비록 여러 승휘承徽가 있지만 어찌 정적(正嫡, 정부인)에서 아들을 두는 것만큼 귀할 수가 있겠느냐. 정적을 물리쳐 멀리할 수는 없느니라" 하였고, 이때부터 세자는 순빈을 가까이 하였다. 얼마 후 봉씨가 스스로 "태기가 있다" 하여 궁중을 기쁘게 하였으나, 사실은 스스로 꾸며낸 거짓말이었다.

봉씨가 폐위될 수밖에 없었던 가장 결정적인 문제는 음란한 행동이었다. 사랑받지 못한 외로움이 동성애로 발전하여 시녀들이 사용하는 뒷간을 엿보거나 궁궐 여종을 시켜 남자를 사모하는 노래를 부르게 하는 등의 변태적 행동을 보였으며, 시녀와 동침하기를 꺼리지 않았다. 시기와 질투로써 세자의 총애를 갈구해온 세자빈이 궁녀들 사이에서 공공연히 행해지던 동성애에 빠지게 된 것이다. 결국 봉씨가 자신의 여종 소쌍과 부적절한 관계를 가졌다는 사실이 탄로나 1436년에 폐빈되었다. 세종은 그 사실이 알려지길 꺼려 교지에서 여종과의 행태에 관한 내용을 제외하도록 했다.

내가 항상 들건대, 시녀와 종비從婢 등이 사사로이 서로 좋아하여 동침하고 자리를 같이한다고 하므로, 이를 다스리기 위해 궁중에 금령을 엄하게 세웠노라. 이것을 범하는 사람이 있는지를 여관女官에게 살피게 하여 발각되면 곤장 70대를 집행토록 하였고, 그래도 금지되지 않으면 곤장 100대를 더 집행토록 하였다. 그런 후에야 그 풍습이 조금 그치게 되었다. 내가 이러한 풍습을 미워하는 것은 하늘에서 내 마음을 인도하여 그리 된 것이리라. 어찌 세자빈까지 이 풍습을 본받아 이와 같이 음당에 빠질 줄 알았겠는가.

《세종실록》18년 10월 26일

봉씨가 궁궐의 여종과 동숙한 일은 매우 추잡하므로 교지에 기재할 수는 없으나 질투심 많으며 아들이 없고 또 노래를 부른 너덧 가지 일을 범죄 행위로 헤아려, 세 대신과 더불어 의논하여 속히 교지를 지어 바치게 하라.

《세종실록》18년 10월 26일

뛰어난 학자이며 정치가였던 세종은 자신의 치세기간 동안 뛰어난 과업들을 이루었지만 세자빈 간택만큼은 두 번이나 실패를 보았다. 세자는 두 명의 세자빈에게는 정을 붙이지 못한 반면 새로 들어온 후궁들에게는 정을 주고 있었다.

문종의 마지막 세자빈이 된 권씨의 죽음

세자궁에 후궁이 도입된 것은 세종 당시로, 세종은 세자 향이 18세가 되도록 후사가 없는 것을 걱정하여 동궁에도 후궁을 둘 수 있도록 하였다. 세종은 먼저 동궁전의 후궁제를 종2품 양제良娣, 종3품 양원良媛, 종4품 승휘承徽, 종5품 소훈昭訓이라는 품계로 체계화하였다.

이로써 세종 13년(1431) 지가산군사知嘉山郡事 권전의 딸과 직예문관直藝文館 정갑손의 딸, 장흥고직장長興庫直長 홍심의 딸 세 명을 뽑아 승휘로 삼았다. 아직 왕손이 태어나지 않은 것을 우려해 한꺼번에 세 명의 후궁을 선발한 것이다. 봉씨가 세자빈으로 간택된 지 2년도 안 되었을 때의 일이다. 세자빈 봉씨에게 애정이 없었던 세자는 당시 맞이한 후궁들을 가까이했으며, 후궁 권씨가 먼저 딸을 낳아 양원 품계를 받았다.

두 번째 세자빈마저 궁에서 쫓아낸 뒤 세종은 고민에 빠진다. 전국에서 여러 규수들의 처녀단자를 받아보았으나 결정을 내릴 수 없었던 것이다. 이에 신하들은 후궁 중에서 빈을 뽑아 올리자고 제안했으나 세종은 후궁을 정부인으로 삼는 일을 망설였다. 그러나 하룻밤 사이에 생각을 바꾼다. 사람을 새로 뽑는 것보다 어질고 공손한 후궁을 골라 빈으로 맞는 것이 안전하다고 판단한 것이다.

> 첩을 아내로 만드는 일은 옛날 사람이 경계한 바이며, 더군다나 우리 조종의 가법에도 또한 이런 예가 없었던 까닭으로 그 일을 중대하게 여겨 윤허하지 않았다. 그러나 지금에 이르도록 서울과 지방에서 널리 물색하였으나 적임자를 얻지 못했으니, 차라리 대신의 말을 따르겠다.
>
> 《세종실록》18년 12월 28일

세종은 스스로 예법을 지키고자 했기에 원칙에서 벗어나지 않으려 했으나 중국의 역대 고사를 찾고서야 생각을 바꾼다. 또한 세자빈으로 양원 권씨와 승휘 홍씨를 놓고 고심하다가 양원 권씨를 택하게 되는데, 당시 세자빈 간택의 기준을 엿볼 수 있다. 신하들 역시 후궁 귀인을 황후로 삼았던 송나라 진종의 예를 들어 성상의 의견에 따랐다.

> 세자의 뜻은 홍씨를 낮게 여기는 듯하나 내 뜻은 권씨를 적당하다고 생각한다. 옛날 사람이 말하기를 '나이가 같으면 덕으로써 하고, 덕이 같으면 용모로써 한다' 했는데, 이 두 사람의 덕과 용모는 모두 같은데, 다만 권씨가 나이가 조금 많고 관직이 높다. 또 후일에 아들을 두고 두지 못할 것과, 비록 아들을 두되 어질고 어질지 못할 것은 모두 알 수가 없지만 권씨는 이미 딸을 낳았으니 의리상 마땅히 세자빈으로 세워야 될 것이다.
>
> 《세종실록》18년 12월 28일

왕비나 빈을 뽑을 때 집안과 본인의 덕성을 가장 중시했으며 외모와 나이도 평가기준이 되었음을 알 수 있다. 권씨가 세자빈이 될 수 있었던 데에는 나이와 품계가 높다는 점도 작용했겠지만 이미 딸을 낳았다는 점이 가장 큰 이유가 되었다.

그리하여 세종 19년(1437) 2월, 권씨는 정식으로 왕세자빈으로 책봉되었고 4년 후 원손을 낳는다. 그가 바로 단종이다. 그토록 기다렸던 원손을 보게 된 세종은 "세자의 나이 거의 30이 되었는데, 아직도 적자를 얻지 못하여 내 마음에 근심되더니, 이제 세자빈이 적손嫡孫을 낳으니 이보다 더한 기쁨이 어디 있겠는가!" 하면서 대역죄인을 제외한 모든 죄인들을 사면하라는 교지를 내린다. 그런데 교지를 다 읽기도 전에 전상殿上의 대촉이 갑자기 땅에 떨어지더니, 다음 날 권씨가 사망하였다. 실록에는 세종 23년 7월 23일 원손을 낳고, 7월 24일 졸卒하였다고 기록되어 있다.

현덕왕후 권씨는 1418년 홍주 합덕현에서 태어나 14세에 세자의 후궁으로 입궁했으며, 6년 뒤인 1437년 왕세자빈에 책봉됐다. 1441년 24세의 나이에 동궁 자선당資善堂에서 숨을 거두자 현덕빈顯德嬪이라는 시호를 내리고 옛 안산읍 와리산에 장사지냈다. 권씨의 아버지 권전은 왕세지빈 긴덕 후 공소판서·숭주원사·지돈녕부사 등을 거쳐 판한성부사에 임명됐는데, 권씨가 사망한 그해 겨울 세상을 떠났다. 그녀의 어머니 최씨는 고려의 대유학자 중서령문헌공 최충의 12대손인 최용의 딸이었다.

실록에 기록된 권씨의 성품을 보면 "겸손하고 공손하여 규범과 의례의 법도를 따랐고, 마음가짐이 오로지 경계하고 정성스러워 낮이나 밤이나 조심하여 어김이 없었다. 부모 모시기를 화和하고 기쁘게 하며, 항상 아랫사람 거느리기를 온화하고 화목하게 하니, 사랑스러운 숙녀淑女가 미쁘게도 좋은 짝"이었다고 한다.

그러나 그녀의 시련은 이제부터가 시작이었다. 세자는 권씨와 사별 후 1442년부터 8년간 세종을 대신하여 대리청정하다가 1450년 왕위에 등극했다. 이에 따라 그녀의 시호는 현덕왕후로 추존되었으며 안산의 능은 소릉昭陵으로 승격되었다. 만약 문종이 즉위하기 전에 다른 여인을 빈으로 맞았다면 권씨는 왕후가 되지 못했을 지도 모른다.

문종은 37세에 등극하여 2년 4개월이라는 짧은 재임기를 보냈으며, 재위기 내내 중궁전은 비어 있었다. 문종은 재임기를 왕비 없이 홀아비로 지낸 유일한 왕이었다. 세자시절부터 12년 동안이나 곤위(壼位, 중전의 자리)를 비워놓는다는 게 당시로서는 이해할 수 없는 일이었다. 그러한 탓에 영조 23년, 문종에게 '공빈 최씨'라는 계빈이 있었다는 상소가 올랐고 영조는 춘추관으로 하여금 실록을 꼼꼼히 조사하게 하였다. 결과는 문종에게 '공빈 최씨'라는 후궁은 존재하지 않았으며, 최씨 족보에 기록된 '공빈'은 잘못된 것임이 밝혀지면서 해프닝으로 끝나고 말았다.

문종은 권씨 이후 세자빈 책봉을 모두 거절함으로써 권씨에 대한 신의를 지켰다. 문종의 묘지문을 보면 평소 군주로서 절제된 삶을 지향했던 문종의 성품을 엿볼 수 있다.

옛날에 안에서는 여색에 빠지고 밖에서는 수렵에 탐닉하거나 술을 즐겨 마시고 음악을 좋아하거나 높은 가옥과 화려한 담장을 한결같이 좋아하는 사람이 있었으니, 이것은 군주의 공통된 걱정이다. 나는 천성이 이런 것을 좋아하지 않으니 비록 권하는 사람이 있더라도 능히 좋아할 수가 없다. 남녀와 음식의 욕심은 사람에게 가장 간절한 것인데, 고량(膏粱, 부유한 집안)의 자제들이 술과 여색으로써 몸을 망치는 사람이 많이

경복궁 자선당 경복궁의 동궁전으로 문종은 세자시절 30여 년을 자선당에서 거처하였고, 이곳에서 세자빈 권씨(현덕왕후)가 단종을 낳고 그 다음날 졸후하였다.

있으므로 내가 매양 여러 아우들을 볼 때마다 이 일로써 경계한다.

《문종실록》 2년 9월 1일

여색에 빠지는 것을 경계했던 문종은 살아서나 죽어서나 독수공방 신세였다. 훗날 단종을 폐위시켜 왕위를 찬탈한 세조가 자신의 맏아들 의경세자가 죽게 된 것을 현덕왕후의 탓으로 돌려, 그녀를 서인으로 강등시킨 후 종묘에서 권씨의 신주를 빼내고 소릉까지 파헤쳐버렸기 때문이다. 문종의 신주는 종묘 신실에 60여 년 동안 홀로 모셔져 있었던 것이다.

단종의 죽음과 현덕왕후의 시련

문종은 세자 시절부터 병약했다. 세종의 상喪을 치른 후에는 더욱 쇠약해져 즉위한 지 2년 4개월 만에 서거했다. 갑자기 12세의 어린 나이에 왕좌에 앉은 단종은 수렴청정을 해줄 대비도 대왕대비도 없는 풍전등화의 신세였다. 어린 시절 그를 돌봐준 이는 세종의 후궁이었던 혜빈 양씨로, 자신의 소생을 유모에게 맡기고 단종에게 직접 젖을 물릴 만큼 정성으로 키웠다.

어린 왕을 위협한 사람은 다름 아닌 숙부 수양대군이었다. 세종과 소헌왕후 사이에서 태어난 8명의 왕자들은 약화된 왕위를 위협하는 존재였다. 그중에서도 둘째아들 수양대군은 문종과 달리 호방하고 정치적 야심이 강한 인물이었다. 일찍이 세종이 그의 존재를 우려했듯이, 단종 재위 3년 동안(1452~1455) 수양대군은 계유정난癸酉靖難을 일으켜 김종서, 황보인 등을 죽이고 아우 안평대군을 제거하였다. 단종을 지켜주려 했던 금성대군마저 귀양을 가는 등 수양대군의 왕권 찬탈 위협이 거세지자 결국 단종은 1455년 윤6월 11일 수양대군에게 왕위를 양위하고 상왕上王으로 물러앉게 된다.

그러나 세조 2년(1456) 성삼문, 박팽년, 하위지 등의 상왕 복위 계획이 발각되자 세조는 단종을 노산군으로 강등시켜 유배보냈다. 역모를 꾸민 죄로 여섯 신하들(사육신)은 처참한 죽임을 당했고, 그에 연루된 현덕왕후 권씨의 모친과 동생 권자신 또한 죽음을 면치 못했다. 이미 죽은 권전(현덕왕후의 부친)까지 신분을 서인으로 폐하고 무덤을 지키는 사람과 제사를 없애버렸다.

종묘 영녕전 조선 왕실의 사당으로서 문종과 현덕왕후 권씨의 신주가 모셔져 있다.

좌승지 구치관을 의금부에 보내어 성삼문 등에게 묻기를 "상왕께서도 너희의 역모를 알고 있는가?" 하니, 성삼문이 대답하기를 "알고 계시다. 권자신이 그 어미에게 고하여 상왕께 알렸고, 뒤에 권자신·윤영손 등이 여러 번 약속을 올리고 기일을 고하였다. 그날 아침에도 권자신이 먼저 창덕궁에 나아가니 상왕께서 긴 칼을 내려주셨다"고 하였다.

《세조실록》 2년 6월 7일

권씨의 딸 경혜공주는 세종 32년 정충경의 아들 정종과 혼인하였는데, 정종 역시 단종 복위사건에 연루되어 광주로 귀양갔다가 1461년 사사되었다. 당시 임신 중이었던 경혜공주는 광주에서 아들 정미수를 낳은 뒤 순천의 관비官婢로 쫓겨갔다. 이들 모자는 나

中에 잠저(潛邸, 왕이 즉위하기 전에 살던 집)에서 어린 성종을 시중하는 시종노릇을 해야 했다.

아들은 노산군으로 강등되고 딸은 관비가 되었으며, 모친과 남동생은 역모로 처형되고 이미 타계한 부친의 지위마저 박탈된 마당에 현덕왕후의 지위가 보존될 리 없었다. 세조 3년(1457) 6월 26일 의정부에서 "노산군이 종사宗社에 죄를 지어 이미 군으로 강봉하였으나 그 어미는 아직도 명위名位를 보존하고 있으므로 마땅하지 않은 일입니다. 청컨대 서인으로 폐하여 개장改葬하소서" 하니, 세조가 그대로 따랐다. 종묘에 모신 그녀의 신주와 고명誥命과 책보冊寶 등도 철거됐다. 왕과 왕비가 죽으면 혼을 모신 신주를 종묘에 모시게 되는데, 단종처럼 뒤늦게 추존되어 나중에 모셔지는 경우는 있어도 이미 종묘에 들어간 신주를 빼낸 예는 일찍이 없었다.

현덕왕후의 지위가 폐서인이 되기까지는 그나마 이러한 명분과 절차를 거치지만 소릉을 파헤쳐 훼손한 과정은 실록에 자세히 기록되어 있지 않다. 다만 선조 때에 석강夕講을 마치고 대신들이 과거의 미진했던 일들을 상세히 아뢰는 과정에서 잠깐 언급될 뿐이다.

"조종조의 일도 좋은 것은 마땅히 만세토록 고침이 없어야 하나, 미진한 일은 고친다 해도 해로울 것이 없습니다. 태조가 정몽주를 죽였으나 태종은 그의 공을 기려 증직贈職하였고, 태조가 전조前朝의 왕씨를 모두 죽였으나 문종은 숭의전崇義殿을 세우셨고, 세조는 소릉을 내다버렸으나 중종은 다시 복구했습니다" 하자 선조는 말이 끝나기도 전에 "내다버렸다는 것이 무슨 뜻인가?" 하고 묻는다.

기대승이 아뢰기를, "이는 신자臣子로서 차마 계달할 수 없는 말입니다만 그 재궁(梓宮, 관)을 내다버린 듯싶습니다. 당시 사람이 비밀히 봉안하였는데 그 후에 다시 복구한 것입니다. 전일의 미진한 일을 조종조에서 모두 고쳤습니다. 소릉을 복원하고 또 노산에게 제사를 지냈는데, 그때 신상申鏛이 제관祭官이었습니다. 이러한 뜻을 위에서 어떻게 아시겠습니까. 다시는 거론하지 말아야 신자의 마음이 편합니다."

《선조실록》 2년 5월 21일

　신하 된 자가 선대 왕들의 행적에 대해 감히 이렇다 저렇다 말하기 어려운 자리였으므로 조심스럽게 아뢰면서, 당대에는 잘못된 일이었으나 후대에 이를 다시 복위하거나 추모하는 예를 갖췄다는 이야기를 전하고 있다. 여기서 소릉이 파헤쳐졌음이 확인되고 있지만 이것은 세조 주변의 간신배들에 의한 것이지 세조의 뜻이 아니었음을 강조한다. 그러나 정말 세조의 뜻이 아니었을까? 소릉이 파헤쳐진 이야기는 야사野史인 《음애일기陰崖日記》나 《연려실기술燃藜室記述》을 통해 자세히 전해진다.

　정축년(세조3) 세조가 궁에서 낮잠을 자다가 가위에 눌린 괴이한 일이 있었다. 꿈에서 현덕왕후가 발칵 성을 내며, "네가 죄 없는 내 자식을 죽였으니 나 또한 네 자식을 죽이겠다. 너는 알아두어라" 하였다.

　영월에 유배된 단종이 죽기 전인 1457년 9월 2일, 꿈이 사실이 되어 세조가 아끼던 맏아들 의경세자가 20세의 젊은 나이에 갑자기 사망하였다. 그로 인해 세조는 불호령을 내려 소릉을 파헤칠 것을 명했다고 전한다. 실록에는 의경세자 죽음 이전인 6월에 이미 의정부에서 소릉 개장을 청하는 것으로 나오지만, 형수의 무덤까지 파헤쳐버리는 세조의 지나친 대응을 볼 때 야사 쪽에 무게가 실린다. 당시 민심도 '임금의 화가 땅속까지 미치는 예를 보지 못하였다'고

하여 세조의 잘못을 지적하고 있다.

반란을 일으켜 조카에게서 왕위를 빼앗은 세조. 수많은 희생과 죽음을 발판으로 쟁취한 왕좌였으나 의경세자의 죽음으로 그 대가를 치러야 했다. 그것은 불길한 징조였다. 조카에 대한 양심의 가책을 느꼈던 세조는 "권씨는 후궁 출신인데다 정

《연려실기술》 조선 후기의 학자 이긍익 (1736~1806)이 지은 조선시대 야사총서로, 태조부터 현종에 이르기까지 283년 동안 왕대별 주요 사건들을 모아놓았다.

식 가례를 치르지도 않았으니 왕후라 할 수도 없지 않은가!" 하며 현덕왕후에게 분풀이를 한다. 권씨를 서인으로 강등시켜 종묘에서 신주를 빼내고 소릉까지 파헤쳐 그녀의 관마저 강물 속에 던져버리니 이보다 더한 패륜은 일찍이 없었다.

소릉 복위를 위한 논쟁

그 후로 사람들은 단종의 비극에 관해 말하기를 두려워했다. 단종을 비롯한 수많은 왕족들의 죽음 그리고 사육신과 연좌된 가족 및 종친까지 수백 명이 희생된 엄청난 사건이었기 때문이다. 그러나 종묘에 제를 올릴 때마다 신하들은 문종의 신주가 홀로 모셔져 있는 데에 양심의 가책을 느꼈다. 성종 9년(1478) 4월 마침내 생육신 중 한 명이었던 남효온에 의해 현덕왕후의 소릉 복위가 거론되기 시작하였다.

당시 흙비가 내리는 재해가 발생하자, 성종은 누구든 대책을 올릴 것을 명했다. 그때 성균관 유생이었던 남효온이 내수사 폐지 등 몇 가지 소를 올리면서 소릉의 복위를 건의했다. 나라에 홍수나 가뭄 등의 천재지변이 일어났을 때 왕이 자신의 덕행을 반성하는 계기로 삼아 조치하는 관습을 이용한 것이다.

뜻밖에도 병자년(세조2)에 여러 간신들이 난을 선동하다가 잇달아 복주伏誅되고, 남은 화가 소릉을 폐하는 데까지 미쳐 20여 년 동안 원혼이 의지할 데가 없으니, 신이 모르기는 하나 하늘에 계신 문종의 신령이 어찌 홀로 제사 받기를 즐겨하시겠습니까? 소릉을 폐한 것은 사람의 마음에 순응하지 아니한 것이니, 하늘의 마음과도 같지 아니한 것임을 알 수 있습니다. 만약 '이미 허물어뜨린 신위를 다시 종묘에 들일 수 없다'고 한다면, 오직 존호尊號라도 추복하고 다시 예장禮葬하여 이로써 민심에 답하고 하늘의 꾸지람에 답하며 조종祖宗의 뜻에 보답하는 것이 아름답지 아니하겠습니까?

《성종실록》 9년 4월 15일

소릉을 복위하자는 남효온의 상소에 대해 승정원의 도승지 임사홍은 "신자로서 의논할 수 없는 것을 남효온이 함부로 의논한 것이니 불가합니다"라고 하였고, 성종은 그 의견에 따라 소릉을 복구할 수 없다고 전교하였다. 세조의 직계 후손인 성종이 세조 대의 일을 뒤집기에는 시기상조였던 것이다.

임사홍은 남효온에게 따르는 무리가 있다면서 그 일당을 함께 처벌할 것을 주장했지만 성종이 이를 문제삼지 않기로 하면서 소릉 추복 논란은 더 이상 확산되지 않았다. 당시 성종은 7년간의 수렴청정에서 벗어나 막 친정親政을 시작하였기 때문에 기존의 훈구세력들의 기세를 거부하기 힘들었다. 더욱이 임사홍은 세조 대부터 벼슬을 해온 관료로서 자신의 두 아들을 예종과 성종의 부마로 들인 왕실의 척신세력이었다.

한편 남효온은 김종직의 문하생으로, 단종 사후 매월당 김시습 등 생육신과 어울렸던 인물이다. 그러니 한낱 유생에 불과한 남효온의 상소가 수렴되기는커녕 단종 복위를 빌미로 사림세력이 역공을 당할 수 있는 상황이었다. 그는 소릉이 복위될 때까지 벼슬길에 나가지 않겠노라 하고 평생 유랑생활을 하다 죽었다.

그 후 연산군 시절 소릉 복위가 몇 번 거론되었으나 무산되었고, 반정으로 즉위한 중종 대에 다시 이 문제가 적극적으로 거론되었다. 중종 8년 종묘의 소나무에 벼락이 떨어지는 변고가 발생하자 종묘제도에 문제가 있다는 암시로 받아들이게 된 것이다.

대간臺諫·시종侍從이 번갈아 글을 올려 논계하기를 '소릉의 폐위는 선왕의 본뜻이 아니라 당시 대신의 그릇된 청에 못 이겨 그리 된 것이고, 권자신의 모역謀逆도 소릉이 돌아가신 지 15년 뒤에 있었으니, 왕후가 모역에 가담할 리가 없습니다. 황천에 계신 소릉의 신령이 품고 있는 그 원한을 어찌 다 말할 수 있으리까! 역대 제왕에 배위配位 없이 종묘에서 제사 받는 이가 없는데, 오직 문종만이 홀로 그 제사를 받으시니 신자가 되어 어찌 차마 마음이 편하리까! 지금 추복의 뜻은 실로 대신의 그릇된 건의를 바르게 하고, 광묘(세조)의 본심을 나타내게 하는 것입니다' 하고 간청하였으며, 달이 지나고 철이 지나면서 나 역시 마음이 아팠다. (중략) 나도 항상 종묘에 친제할 때면 문종께서 독향獨享하심을 보고 몹시 슬퍼하였다. 지금 묘목廟木에 내린 뇌변이 무슨 일로 일

문종과 현덕왕후 권씨의 능인 현릉 경기도 구리시 동구릉 안에 있다. 처음에는 문종 혼자 단릉으로 있었으나 중종 8년에 현덕왕후의 소릉을 옮겨와 동원이강同原異岡 형태로 조성하였다.

어난 징조였는지는 명백히 지적할 수 없으나, 이 어찌 부른 바가 없이 그러하였으랴! 이에 예관에게 명하여 고전을 상고하여 정례情禮에 맞도록 하여, 다시 태묘太廟에 고유하고 위호를 추복한 다음 문묘에 배향하여 만세의 공의公義를 펴게 하는 것이니, 중외에 모두 알리도록 하라.

《중종실록》 8년 3월 12일

결국 중종 8년(1513)에 현덕왕후의 폐위 추복을 전교하기에 이른다. 중종은 소릉을 안산 바닷가에 계속 둘 수 없다고 보고 문종의 현릉으로 천장遷葬하고자 하였으나 막상 왕후의 관을 찾을 수가 없었다. 능을 파헤친 뒤 56년간 방치해둔 탓이었다. 일화에 따르면, 그날 밤 감역관의 꿈에 현덕왕후가 왕후의 의장을 하고 나타나 "너희가 고생하는구나" 하였다. 잠에서 깬 감역관은 꿈을 심상찮게 여겨 다음 날 주변을 좀더 깊이 파보았고 마침내 관을 발견하게 되었다고 한다.

새 옷으로 염습한 현덕왕후의 시신은 문종의 왼편에 옮겨져 현릉(동구릉 내)으로 개봉되었다. 또한 그녀의 신주는 비로소 종묘에 들어가 문종과 함께 배향되었다. 숙종 24년(1698)에는 단종이 복위되면서 권씨의 아버지 권전은 화산부원군으로, 어머니 최씨는 다시 부부인으로, 동생 권자신은 예조판서로 관직을 되찾을 수 있었다.

살아생전보다 사후에 더 많은 이야기를 남긴 현덕왕후 권씨. 단종의 억울한 죽음에 대한 현덕왕후 혼령의 복수 이야기는 구전을 통해 전설처럼 지금까지 내려오고 있다. 전해지는 과정에서 이야기가 부풀려지기도 했겠지만 그러한 이야기 속에는 단종에 대한 민초의 애도와 분노가 담겨 있다.

세조가 권력 찬탈을 위해 어린 단종과 그 어머니 현덕왕후를 무참히 희생시킨 사건은 그의 가장 큰 오점이었다. 조선의 역사 전반에 걸쳐 단종과 현덕왕후 소릉의 복위문제가 거론될수록 세조에 대한 평가는 악화될 수밖에 없었고 여론 또한 마찬가지였다. 그리고 그 평가는 지금까지도 계속되고 있다.

세종 즉위년(1418)	3. 12	홍주 합덕현에서 탄생. 안동 권씨. 부父 권전, 모母 해주 최씨
세종 13년(1431)	1. 19	세자의 후궁 승휘로 간택, 이후 양원으로 승격
세종 18년(1436)		경혜공주 낳음
	10. 26	두 번째 세자빈 봉씨 폐출
	12. 28	세자빈으로 승격
세종 19년(1437)	2. 28	왕세자빈 책봉례
세종 23년(1441)	7. 23	경복궁 자선당에서 왕자(단종)를 낳음
	7. 24	권씨가 24세로 승하
	9. 14	시호를 '현덕빈'으로 봉함
	9. 21	옛 안산읍 와리산에 장사지냄
문종 즉위년(1450)	7. 1	문종 즉위 후 '현덕왕후'로 추숭하고 능을 '소릉'이라 함
단종 2년(1454)	7. 1	존호 추가 '인효 순혜' 현덕왕후
	7. 16	문종대왕과 함께 종묘에 신주를 부묘
세조 3년(1457)	6. 26	서인으로 폐하고 소릉 개장
	9. 7	권씨의 고명과 책보 등을 관청에 보관 (그 전에 이미 신주와 의물은 철거)
중종 8년(1513)	4. 21	소릉을 현릉(동구릉 내)으로 이장
	5. 6	신주를 문종 신실에 배향

세종 ——————— 소헌왕후 심씨

8남2녀

문종

수양대군(세조)

안평대군

임영대군

광평대군

금성대군

평원대군

영응대군

정소공주

정의공주

제5대 문종(향, 1414~1452)

현덕왕후 권씨
(1418~1441) ·········· 1남(단종) 1녀(경혜공주)

귀인 홍씨
(미상) ·········· 후사 없음

사칙 양씨
(미상) ·········· 1녀(경숙옹주)

사냥하러 가는 사나이

2

조선 최초의 왕비 살해사건

연산군의 어머니 폐비 윤씨

연산은 자신의 친어머니 윤씨가 폐위되고 죽게 된 것이 성종의 후궁 엄씨와 정씨 때문임을 알게 되자, 그들을 대궐 뜰에 결박해놓고 손수 치고 밟고 하다가 정씨의 소생인 항(안양군)과 봉(봉안군)을 불러 "이 죄인을 치라"고 하였다. 항은 어두워서 누군지도 모르고 치고, 봉은 어머니임을 알고는 차마 때리지 못하였다. 연산은 불쾌하게 여겨 사람을 시켜 갖은 참혹한 방법으로 매를 침으로써 엄씨와 정씨가 그 자리에서 죽었다.

　연산은 항과 봉을 끌고 소혜왕후 침전으로 들어가 욕하기를 "이것은 대비의 사랑하는 손자가 드리는 술잔이니 한번 맛보시오" 하며 항에게 잔을 올리게 하니, 대비가 어쩔 수 없이 허락하였다. 연산이 "사랑하는 손자에게 하사하는 것이 없습니까?" 하니, 대비가 놀라 배 2필을 내렸다. "대비는 어찌하여 우리 어머니를 죽였습니까?"

《연산군일기》10년 3월 20일

연산군의 복수

1504년 시작된 갑자사화는 폐비 윤씨와 관련된 모든 사람이 참혹한 죽음을 당하는 엄청난 복수극이었다. 연산은 내수사內需司를 시켜 엄씨와 정씨의 시신을 찢어 젓을 담가 산과 들에 흩어버리게 하였다. 정씨의 아들 안양군과 봉안군은 자신의 어머니를 직접 매질하는 수모를 겪어야 했고, 결국 귀양 보내져 사약을 받았다. 소혜왕후(인수대비)는 연산군이 머리로 들이받아 그 후유증으로 며칠 만에 하직했다. 그리고 윤씨의 폐위와 사사에 찬성했던 모든 신하들은 그 가족까지 처형되었고 이미 죽은 한명회는 관 속의 시체를 꺼내 목을 베는 부관참시剖棺斬屍에 처해졌다.

재위 초 영명하던 연산이 갑자기 향락과 살생을 일삼는 폭군으로 전락한 것은 어머니 윤씨의 죽음에 얽힌 내막을 알고 나서다. 연산

창경궁 경춘전 여성 유교학자이자 《내훈》의 저자인 소혜왕후가 1504년 연산군의 머리에 들이받힌 후유증으로 병을 앓다가 사망한 곳이다. 경춘전은 대비나 세자빈이 머물던 곳으로 혜경궁 홍씨가 이곳에서 정조를 낳았다.

에게 윤씨의 억울한 죽음을 알려준 자는 성종 당시 남효온을 축출하려 했던 임사홍이었다. 어머니가 죄를 범하여 벌을 받은 것으로만 이해했던 연산에게는 충격적인 사실이었다. 연산이 미복(微服, 남의 눈을 피하기 위해 입는 남루한 옷)차림으로 임사홍의 집에 갔을 때의 일이다.

> 어느 날 상이 미복으로 그의 집에 가서 사홍을 불러 술잔을 올리게 하였는데, 사홍은 절을 하며 목이 메도록 울었다. 임금이 깜짝 놀라 물으니, 사홍은 "대궐 문이 겹겹이라 스스로 들어가 아뢸 수 없었는데 오늘 저의 집에서 성주를 뵐 줄 어찌 뜻하였겠습니까" 하고, 이어 "엄 숙의와 정 소용이 모후를 참소하여 폐비하였다"고 무소誣訴하니, 임금 또한 울었다. 밤이 들어 환궁하자, 곧 엄·정 두 원嫄을 불러 손수 죽였다.
>
> 《연산군일기》 12년 4월 17일

임사홍은 성종 대에 탄핵을 받아 등용되지 못하다가 그의 아들 숭재가 연산의 총애를 얻자 의도적으로 연산에게 접근하여 폐비 윤씨의 이야기를 밀고하였다. 이후 임사홍은 정적들을 세서하고 공조참판에 이어 이조·병조참판을 역임하며 많은 뇌물을 챙겼다. 연산이 갑자사화를 일으키고 피비린내 나는 살육을 저지르게 된 배경에는 이와 같은 간신들이 있었다.

연산이 3세 되던 해 어머니 윤씨가 궁궐에서 쫓겨나자 연산은 새 왕비 정현왕후(자순대비) 윤씨를 친어머니로 알고 자랐다. 정현왕후가 친모가 아니라는 사실을 안 것은 왕이 된 직후였다. 성종은 100년 동안 폐비 문제에 대해 거론하지 말라는 유명遺命을 남겼지만 연산은 성종의 묘지문을 보고 이 사실을 바로 알게 되었다.

왕이 성종의 묘지문을 보고 승정원에 물었다. "여기에 판봉상시사 윤기무란 이는 어떤 사람이냐? 혹시 영돈녕 윤호(정현왕후의 아버지)를 기무라 잘못 쓴 것이 아니냐?" 하자, 승지들이 아뢰기를 "그는 폐비 윤씨의 아버지인데, 윤씨가 왕비로 책봉되기 전에 죽었습니다" 하였다. 왕이 비로소 윤씨가 죄로 폐위되어 죽은 줄을 알고 수라를 들지 않았다.

《연산군일기》 1년 3월 16일

당시에는 "수라를 들지 않았다"는 정도의 심경을 나타냈지만, 재위 10년째 되던 해 피 묻은 어머니의 적삼을 보자 연산은 오열했다. 그러고는 복수의 칼을 들었다. 연산은 어머니 윤씨와 관련된 자들을 모조리 처단하고 권력을 장악한 뒤, 윤씨를 '제헌왕후'로 복위하고 묘를 '회릉'으로 격상시킨다. 연산을 그토록 광분하게 만든 어머니 윤씨는 어떻게 폐위되어 죽어간 것일까?

가난한 양반 가문

조선시대 후궁이 왕비로 책봉된 경우는 문종비 현덕왕후와 예종비 안순왕후, 성종의 폐비 윤씨와 정현왕후, 중종비 장경왕후, 숙종비 희빈 장씨가 전부였다. 성종 4년(1473) 윤씨는 훗날의 정현왕후 윤씨와 함께 후궁으로 간택되어 숙의(淑儀, 내명부 종2품)가 된다. 당시 폐비 윤씨는 19세, 정현왕후 윤씨는 12세였다. 폐비 윤씨가 일찍이 입궁한 궁녀였다는 기록도 있지만 성종의 정식 후궁이 된 것은 간택을 통해서다.

1455년생인 윤씨의 본관은 함안이고 아버지는 윤기견(윤기무라고
도 한다), 어머니는 신씨이다. 윤기견은 세종 2년(1439) 생원으로 친
시문과에 병과로 급제하여, 1452년(문종 2) 집현전 부교리로서 춘
추관 기주관을 겸직하면서 《세종실록》,《고려사절요》의 편찬에도
참여하였다. 관직은 판봉상시사判奉常寺事에 이르렀고 세조가 반정
을 했을 때 원종 2등공신으로 책봉되었다. 그는 윤씨가 후궁으로
간택되기 전에 작고하였고, 그로 인해 윤씨의 살림은 넉넉하지 못
했다. 당대의 권문세가들의 주거지는 주로 북촌이었고 가난한 양
반이나 중인들의 주거지는 남산 주변의 남촌이었다. 윤씨의 가택
은 남부학당이 있는 남학동으로 알려져 있는데, 현재 충무로3가 남
산 부근이다. 가옥이랬자 중문이나 바깥채가 없이 대문을 열면 바
로 안채가 나오는 작은 집으로, 어린 시절 윤씨는 직접 포를 짜서
생계를 도울 정도였다.

조선시대 가난한 양반가의 여식으로서 성종 4년(1473) 3월 후궁
으로 간택된 것은 크나큰 행운이었다. 더욱이 입궁 다음 해에 성종
의 첫 번째 왕비인 공혜왕후 한씨가 19세의 어린나이에 사망하자
윤씨가 두 번째 왕비로 책봉되었다.

조선 전기에 후궁은 일종의 왕비 대기자라고 할 수 있었다. 태종
은 정식 간택을 통해 사대부 여인 중에서 후궁을 선발하는 제도를
만들었는데, 이는 외척 세력을 분산시키고자 하는 의도도 있었지
만 왕비가 아이를 낳지 못하거나 왕비의 유고시 신속히 중전의 자
리를 보충하기 위한 방책이기도 했다. 태종이나 세종, 세조는 첫
번째 부인과 해로하였지만 문종은 세 번째 세자빈을 후궁 중에서
책봉하였다. 성종 역시 여러 후궁을 두고 있었으니 굳이 새로 왕비
를 간택할 필요가 없었던 것이다.

후궁으로 간택될 당시 윤씨는 비록 집안은 미미했으나 다른 어떤 후궁보다 많은 총애를 받아 일찌감치 후손을 잉태한 상태였다.

왕비가 된 후궁 윤씨

비어 있는 중전 자리를 놓고 후궁 간의 경쟁이 치열했는데, 숙의 윤씨를 비롯해 특히 소용 정씨와 엄씨의 경쟁이 뜨거웠다. 결정권은 당시 '3전'이라 불린 대비전에게 있었는데, 바로 세조비 정희왕후, 예종비 안순왕후, 성종의 어머니인 소혜왕후였다. 그중 가장 영향력이 큰 대비전은 수렴청정을 하고 있던 정희왕후였다. 정희왕후가 윤씨를 선택한 이유는 다음과 같다.

숙의 윤씨는 주상께서 중히 여기는 바이며 나의 의사도 그가 적당하다고 여긴다. 윤씨가 평소에 허름한 옷을 입고 검소한 것을 숭상하며 일마다 정성과 조심성으로 대하였으니, 대사를 위촉할 만하다. 윤씨가 나의 이러한 의사를 알고서 사양하기를 '저는 본디 덕이 없으며 과부의 집에서 자라나 보고 들은 것이 없으므로 사전(四殿, 3명의 대비와 왕)에서 선택하신 뜻을 저버리고 주상의 거룩하고 영명한 덕에 누를 끼칠까 몹시 두렵습니다'고 하니, 내가 이러한 말을 듣고 더욱 더 그를 현숙하게 여겼다.

《성종실록》 7년 7월 11일

대비전에서 왕비를 결정하는 데 2년이나 소요되었다는 사실은 그만큼 신중을 기했다는 뜻이다. 윤씨가 채택된 가장 큰 이유는 이미 성종의 후손을 잉태했기 때문이지만, 그녀의 겸손하고 소박한 품성 또한 꽤 작용한 듯하다. 모두 과부 신세인 3전의 대비들로서는 "과부의 집에서 자라나 보고 들은 것이 없다"면서 사양하는 모습에서 동병상련의 정을 느꼈을 수도 있다. 정희왕후는 윤씨를 뽑고 나서 "내가 매우 기쁘다. 경卿 등의 의사도 알 만하니 한잔 마시도록 하라"면서 신하들에게 술을 내리기도 했다.

윤씨는 왕비가 된 지 3개월 만에 아들 연산을 낳음으로써 최고의 권세를 누릴 수 있게 되었다. 그러나 윤씨가 왕비에 오른 후 성종은 중궁전 출입이 뜸해지면서 후궁 정씨와 엄씨의 처소를 자주 찾았다. 자신도 죽은 공혜왕후와 같은 신세가 될지 모른다는 위기감에 윤씨는 왕의 관심을 되돌리기 위한 비책을 구했다. 그것은 친정 어머니 신씨가 소개한 민가의 방법으로, 후궁의 처소로 가는 길목에 죽은 사람의 뼈를 묻어두면 그 길을 밟고 다니는 후궁들이 죽는다는 '송장방사'였다. 하지만 효험이 나타나지 않자 그녀는 다른 방법을 고안했다.

어느 날 덕종(소혜왕후의 남편 이경 세자가 왕으로 추존됨)의 후궁인 숙의 권씨의 집에 '소용 정씨와 엄씨가 왕비와 원자를 해치려 한다'는 투서가 날아들었다. 처음에는 소용 정씨의 소행으로 보였으나, 중전 윤씨의 방에 있던 종이가 투서와 같은 종이이며 방 안에 비상이 숨겨져 있었다는 사실이 밝혀지면서 의심의 화살은 중전에게 향해졌다.

이러한 일은 왕을 해하려는 중대한 죄였으므로, 성종과 소혜왕후는 중전을 폐위하고자 하였다. 그러나 원자의 어머니를 내쳐선 안 된다는 조정 중신들의 완강한 반대에 부딪혀 이 사건은 몸종 삼월

이의 단독 소행으로 매듭지어졌다. 삼월이는 처형되고 윤씨의 어머니 신씨는 직첩이 회수되어 궁궐 출입을 못하게 됐다.

이후 윤씨는 아들을 하나 더 낳을 정도로 성종과의 관계가 다시 좋아지는 듯했다. 그러나 윤씨의 생일을 맞아 성종이 성대한 잔치를 베풀자 시어머니 소혜왕후는 윤씨가 아직 근신해야 한다며 잔치자리에서 성종을 불러냈다. 더구나 성종이 자신의 생일날 후궁의 처소로 들자 화가 난 윤씨는 용안을 할퀴고 말았다. 이 사실이 대비전에 알려지자 소혜왕후는 더 이상 윤씨를 가만둘 수 없다는 결론을 내렸다.

왕비가 되어 아들까지 낳았으니 더 이상 부러울 것이 없었으나 윤씨가 원한 것은 성종의 사랑이었다. 그러나 성종은 재임기간 동안 정비 세 명과 후궁 열 명을 두었고 그 자손만도 16남 12녀로, 여색을 즐겼던 왕이다. 성종의 여벽은 죄가 될 수 없으나 윤씨의 질투는 죄가 되는 시대였다. 결국 그녀는 왕비에 오른 지 3년 만에 폐비가 되어 궁궐에서 쫓겨나고 다시 3년 후에는 사약을 마셔야 했다.

윤씨 폐비 사건의 전말

왕비 윤씨가 폐비되던 날의 실록을 보면, 성종은 이러한 교서를 내렸다.

왕후의 어질고 어질지 못함은 국가의 성쇠가 달린 것이니, 이 얼마나 중요한가? 왕비 윤씨는 후궁으로부터 드디어 왕비의 자리에 올랐으나 음조陰助의 공은 없고 도리어 투기하는 마음만 가지어, 지난 정유년에는 몰래 독약을 품고서 궁인宮人을 해치고자 하다가 음모가 분명히 드러났으므로 내가 이를 폐하고자 하였다. 그러나 조정의 대신들이 합사合辭해서 청하기에 개과천선하기를 바랐으며, 나도 폐치廢置는 큰 일이고 허물은 고칠 수 있으리라고 여겨 감히 결단하지 못하고 오늘에 이르렀는데, 뉘우쳐 고칠 마음은 가지지 아니하고 실덕失德함이 더욱 심하여 일일이 열거하기가 어렵다. 그러니 결단코 위로는 종묘를 이어 받들고 아래로는 국가에 모범이 될 수가 없으므로 윤씨를 폐하여 서인으로 삼는다. 아! 법에 칠거지악이 있는데, 어찌 감히 조금이라도 사사로움이 있겠는가? 이 일은 반드시 여러 번 생각하여 결정한 것이니 만세萬世를 위하여 염려되기 때문이다.

《성종실록》 10년 6월 2일

성종 10년(1479) 6월 5일 정승과 승지를 소집하고 사관들까지 불러 윤씨를 폐출시켜야 했던 자신의 입장을 공표한다. 왕위를 이을 원자의 생모라는 점을 들어 폐비를 반대해온 신하들도 굳건한 성종의 결심을 돌릴 수는 없었다. 결국 윤씨는 초라한 가마에 실려 사가로 내쫓겼다.

성종이 폐비를 결정할 수밖에 없었던 윤씨의 죄를 몇 가지로 정리한다면 다음과 같다.

1. 대비들에게 걱정을 끼친 죄

대비께서도 말씀하기를 "내가 일찍이 화禍가 주상에게 미칠까 두려워하여 하루도 안심하지 못하다가 가슴앓이까지 생겼는데, 이제는 점점 나아진다"고 하였으니, 이는 대비께서 폐비한 것으로 인하여 안

2. 왕의 목숨을 위협한 죄

지난 정유년에 윤씨가 몰래 독약을 품고 사람을 해치고자 하여, 곶감과 비상을 주머니에 같이 넣어두었으니, 이것이 나에게 먹이고자 한 것인지 알 수 없지 않는가? 또한 자식을 못 낳게 하는 일이나 반신불수가 되게 하는 일 그리고 사람을 해하는 방법을 작은 책에 써서 상자 속에 감추어두었다.

3. 투기와 문서조작의 죄

엄씨와 정씨 집이 서로 통하여 윤씨를 해치려고 모의한 내용의 언문을 거짓으로 만들어서 고의로 숙의 권씨의 집에 투입시켰는데, 이는 일이 발각되면 엄씨와 정씨에게 해가 미치게 하고자 한 것이다.

4. 지아비를 함부로 여긴 죄

집을 볼 때 일찍이 낯빛을 온화하게 하지 않았으며, 혹은 나의 발자취를 취하여 버리고자 한다고 말하였다. 비록 초부樵夫의 아내라 하더라도 감히 그 지아비에게 저항하지 못하는데, 하물며 왕비가 임금에게 할 수 있는 일인가?

5. 거짓문서와 거짓말을 한 죄

위서僞書를 만들어서 본가에 통하여 이르기를 "주상이 나의 뺨을 때리니, 장차 두 아들을 데리고 집에 나가서 내 여생을 편안하게 살겠다"고 하였다. 내가 우연히 그 글을 보고 이르기를 "허물 고치기를 기다려보겠다"고 하였고 윤씨가 뉘우치기에 내가 이를 믿었더니, 전에 한 말은 거짓이었다.

6. 게으른 죄

상참常參으로 조회를 받는 날에는 비妃가 나보다 먼저 일찍 일어나야 마땅할 것인데도, 조회를 받고 안으로 돌아온 뒤에 일어나니, 그

53
조선 최초의 왕비 살해사건

것이 부도婦道에 있을 수 있는 일인가?

7. 말이 많고 함부로 말하는 죄

　　항상 궁중에 있을 때 대신들에 대해서 말하기를 좋아하였으나, 내가
어찌 믿고 듣겠는가? 내가 살아 있을 때에야 변變을 만들지 못하겠지
만 내가 죽으면 반드시 난亂을 만들어낼 것이다.

《성종실록》 10년 6월 5일

　　성종은 2년 전 일어났던 투서사건을 다시 거론하며 그것이 결국
중전 윤씨의 소행이었음을 밝히고 있다. 성종은 윤씨의 죄목으로
'질투' 외에 지아비에게 '순종하지 않은 것'과 '말이 많다'는 것을
추가했다. 윤씨가 친정에 전한 '주상이 나의 뺨을 때렸다'는 것이
성종의 말대로 거짓인지는 알 수 없지만 보편적으로 호색한 남편
에게 화가 나지 않을 부인은 없는 법이다.

　　중궁을 폐하는 일은 이미 대비전의 결심이기도 했다. 특히 유교
질서의 신봉자였던 소혜왕후는 며느리 윤씨의 행동을 더욱 용납할
수 없었다. 성종은 폐비에 관해서 이미 대비전의 허락이 있었음을
대비전의 언문 편지를 통해 보여주고 있다.

대비전이 말하는 윤씨의 죄

1. 중궁은 전날에 거의 주상을 받들지 아니하였고, 내가 수렴청정하는
   것을 보고는 자기도 어린 임금을 끼고 조정에 임臨할 뜻을 품고 있
   었다.

2. 주상이 때로 편치 않을 때가 있어도 개의치 않고 꽃 핀 뜰에서 놀고
   새를 잡아 희롱하다가도, 만약 제 몸이 편치 않으면 갑자기 기원하기
   를 "내가 죽지 않고 살아서 꼭 보여주기를 원하는 일이 있다"고 하였

다. 평소의 말이 늘 이와 같으니 우리는 항상 두려워하였다.

3. 만약 주상이 편치 않을 때를 만나면 독을 어선(御膳, 임금의 음식)에 넣을까 두려워하여 여러 가지 방법으로 방비하면서 중궁이 지나가는 곳에는 어선을 두지 않도록 금하였다.

4. 시비侍婢에게 죄과가 있으면 "지금은 비록 너에게 죄 줄 수가 없더라도 장차 너를 족멸시킬 것이다"라고 하였으니, 이와 같은 마음으로 원자를 가르친다고 하면 옳겠는가? 부왕이 위에 있으면서 모름지기 이와 같은 사람을 단절시켜야만 원자를 보양할 수 있을 것이다.

5. 지난 해에는 중궁이 주상을 용렬한 무리라고까지 하였고, 또 그 자취도 아울러 깎고자 하므로 주상이 부득이 정승들에게 알렸던 것이다.

6. 우리는 항상 시물(時物, 철따라 생산되는 물건)을 만나면 비록 이미 천신(薦新, 시물을 사당에 먼저 차례 지내는 일)하였더라도 오히려 차마 홀로 맛보지 못하고 반드시 다시 원묘原廟에 올리게 하고 난 다음에 이를 맛보는데, 중궁은 우리가 타일러도 아예 천신할 마음을 두지 않고 모두 다 사사로이 써버렸다.

7. 무릇 불의한 일을 행했을 때에 우리가 보고 물으면 "주상이 가르친 것입니다" 하고, 주상이 이를 보고 꾸짖으면 "대비가 가르친 것입니다"라고 하여 그 거짓된 짓을 행하는 것이 이와 같았다.

8. 우리가 비록 부덕하지만 옛 현명한 왕비의 일을 인용하여 가르치기를 곡진하게 하였으나 들으려고 하지 아니하였다. 지금에 와서 이와 같이 결단한 것은 다시 허물을 고칠 가망이 없기 때문이다. 이제 원자에게는 가련한 일이나, 주상의 근심과 괴로움은 곧 제거될 것이고 우리 마음도 놓일 것이다.

《성종실록》 10년 6월 5일

조선은 왕권국가였지만 사실은 사대부 중심 국가였다. 따라서 성종이 아무리 왕비를 폐하고 싶어도 조정 대신들의 동의 없이는 불가능했다. 신하들은 태종이 왕자의 난을 일으켜 왕위에 오른 뒤에 처남들과 외척세력들을 처단하면서도 왕비 원경왕후만은 폐출시키지 않았던 예를 들며 원자의 어머니를 폐출해선 안 된다고 맞섰다. 백성의 여론도 마찬가지였다. 이를 변명이라도 하듯 윤씨의 폐출 사유에 관한 성종과 대비전의 의견이 실록에 자세히 기록되어 있다. 이는 신하들을 비롯하여 후대에까지 윤씨 폐비의 정당성을 알리고자 한 의도로 보인다.

그 이유도 처음에는 '투기죄'로 거론되다가 나중에는 '주상을 해할지도 모르는 위험인물'이고 '원자를 이용해 어떤 짓을 할지 모르는 위협적인 존재'로 부각시켜 역모죄의 수준으로 부풀린다. 그러면서 윤씨 폐비 문제는 사적인 감정에 의한 것이 아니라 국가의 장래를 위한 대사임을 강조했다. 대비전까지 나서서 폐출을 주장하자 신하들도 더 이상 반대 명분을 지킬 수 없었다. 그래도 당시 조정 내에서는 동정 여론이 우세하여 '왕비를 어떻게 서인들과 똑같이 대할 수 있느냐'면서 '궁궐 안에 별궁을 마련하사'고 했으나 성종은 끝내 거절하고 궁 밖으로 내보냈다.

성종은 친정으로 돌아가 어머니 신씨와 기거하는 윤씨에게 양식도 보내주지 않았고 형제들의 방문도 금지시켰다. 성종 13년 권경우가 윤씨의 집에 도둑이 들었다며 폐비를 특별한 처소에 둘 것을 간청하자 오히려 성종은 '원자에게 잘 보여 훗날을 기약하려는 것'이라며 화를 냈다. 지나치다 싶은 성종의 태도로 보아 윤씨를 얼마나 미워했는가를 짐작할 수 있다. 성종이 원자를 낳아준 윤씨에게 해준 것이라고는 윤씨 사후 그녀의 무덤에 '윤씨지묘尹氏之墓'라는 묘비명을 내린 것이 전부이다.

속전속결로 진행된 사형

3년 뒤 성종이 윤씨의 사사 문제를 거론하자 신하들은 기다렸다는 듯이 일제히 찬성하고 나선다. 목숨을 걸고 폐비를 반대하던 3년 전의 모습과는 너무 딴판이다.

이들의 태도가 돌변한 이유는 무엇일까? 원자 연산군이 장성하여 세자 책봉을 앞두고 있는 마당에 더 이상 윤씨를 살려두었다가는 자신들의 입지가 불안하다고 판단했기 때문이다. 이는 성종이나 대비전 역시 마찬가지였고 마지막 결단만 남았다. 성종 13년 (1482) 성종이 폐비 윤씨에게 사약을 내릴 결심을 하고 신하들에게 의견을 물었다.

· 정창손 후일에 반드시 발호할 근심이 있으니, 미리 예방하여 도모하지 않을 수 없습니다.

· 한명회 신이 항상 정창손과 함께 앉았을 때에는 일찍이 이 일을 말하지 아니한 적이 없습니다.

· 심회와 윤필상 마땅히 대의로써 결단을 내리어 일찍이 큰 계책을 정하셔야 합니다.

· 이파 신이 기해년에는 의논하는 데 참여하지 못하였습니다만, 대저 신첩臣妾으로서 독약을 가지고 시기하는 자를 제거하고 어린 임금을 세워 자기 마음대로 전횡하려고 한 죄는 하늘과 땅 사이에 용납할 수 없습니다. 옛날 한나라 무제武帝가 죄 없는 구익부인을 죽인 것은 만세를 위

폐비 윤씨의 묘인 회묘　원래 서울 동대문구 회기동에 있었으나 1969년 경희대 공사로 서삼릉 안으로 옮겨졌다. 연산 10년 회릉으로 추봉되었으나, 중종 반정 이후 회묘로 강등되었다.

하는 큰 계책이었습니다. 그러니 이제 마땅히 큰 계책을 빨리 정하여야
합니다. 신은 이러한 마음을 가진 지 오래됩니다마는, 단지 연유가 없어서
아뢰지 못하였습니다.

《성종실록》 13년 8월 16일

　신하들은 일제히 입을 모아 "여러 의견들이 모두 옳게 여깁니다"
하였다. 사약은 곧바로 내려졌다. 좌승지 이세좌에게 명하여 윤씨
를 그 집에서 사사하게 하고, 우승지 성준에게 명하여 이 뜻을 삼
대비전에 아뢰게 하였다.
　참으로 속전속결의 판결이었다. 이세좌는 그날 바로 사약을 들고

윤씨의 사저를 찾았다. 윤씨는 혹시나 자신을 궁으로 불러들이는 줄 알고 처음에는 반가워했다고 한다.

《기묘록己卯錄》에는 윤씨에게 사약을 전달한 이세좌의 부인이 이 소식을 듣고 깜짝 놀라면서, "슬프다. 우리 자손이 종자가 남지 않겠구나. 어머니가 죄도 없이 죽음을 당했으니 아들이 훗날에 보복을 하지 않겠는가?" 하고 한탄했다고 한다. 윤씨의 시신은 지금의 회기동(경희대학교 캠퍼스 내)에 묻혔고 어머니 신씨와 윤씨의 형제들은 모두 유배되었다.

야사에는 연산이 훗날 폐비 윤씨의 어머니 신씨를 만났으며, 폐비 윤씨의 피 묻은 적삼을 보고 나서 광분했다고 전한다.

폐비 윤씨에게 사약을 내려 자결하게 하였는데, 윤씨가 눈물을 닦아 피 묻은 수건을 어머니 신씨에게 주면서 "우리 아이가 다행히 목숨을 보전하거든 이것으로 나의 원통함을 말해주고, 또 나를 임금의 능행길 옆에 장사하여 임금의 행차라도 보게 해주오" 라고 유언하므로 건원릉(태조의 능) 가는 길에 장사하였다.

《기묘록》

오랜 풍파를 견디며 회묘를 지키고 있는 무인석

시어머니 소혜왕후의 음모

윤씨를 폐비시키고 나서 3년 뒤 성종은 왜 갑자기 사약을 내렸을까?

당시 성종은 윤씨를 폐위시킨 일에 대해 가책을 느껴 내시를 사가로 보내 어떻게 살고 있는지 알아오라고 했다. 내시 안중경이 가보니 윤씨의 집은 허름했고 그녀는 죄를 뉘우치고 반성하고 있었다. 하지만 성종에게 보고된 내용은 전혀 달랐다.

> 매일같이 머리 곱게 빗고 화장하여 조금도 후회하는 빛이 없었습니다. 내수사에서 보낸 음식도 독약이 든 것이라 하며 먹지 않고 후일 원자가 자라면 원수를 갚겠다고 하였습니다.
>
> 《기묘록 보유》

내시 안중경의 보고에 성종은 경악했다. 결국 조정의 중신들과 함께 윤씨를 더 이상 살려둘 수 없다는 결론을 내리고 곧바로 사약을 명했다. 내시 안중경이 허위보고를 올리도록 한 배후에는 소혜왕후가 있었다. 그녀는 내시를 따로 불러 뇌물로 회유한 것이다.

소혜왕후(인수대비) 한씨는 조선사회에서는 보기 드문 여성유학자이다. 그녀의 집안은 조선 제일의 명문가로서 아버지 한확은 명나라에서 벼슬을 받을 정도였고, 한확의 누이는 명나라 황제의 사랑받는 후궁이었다. 수양대군은 일찍부터 조선과 명나라와의 외교에서 해결사 역할을 하는 한확과 사돈을 맺었다. 그리고 한확은 수양대군의 즉위가 왕위 찬탈이 아니라 양위임을 설득하여 명나라의 허락을 받아냈다. 이러한 명문 집안에서 태어난 그녀의 자부심은

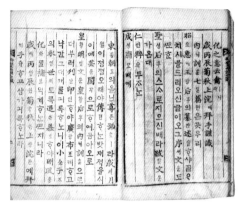

《내훈》의 표지와 본문 소혜왕후가 성종 6년(1475)에 발간한 책으로, 《삼강행실도》와 더불어 조선 후기까지 기본적인 여성교육서가 되었다.

컸을 것이다.

그녀는 여성 한학자로서 도덕적 유교사회의 여성상을 정리하여 《내훈內訓》이라는 책을 펴낼 정도로 나름의 이상이 있었다. 성종 6년(1475) 발간된 《내훈》은 여성의 저술활동이 거의 없었던 당대에 매우 파격적인 일로, 세종 때 발간된 《삼강행실도》와 함께 조선 후기까지의 기본적인 여성교육서가 되었다. 《내훈》은 《열녀전烈女傳》 《여교명감女敎明鑑》 《소학小學》 등의 내용을 참고하여 여필종부, 삼종지도, 칠거지악 등의 남성 중심적 유교사상을 그대로 반영하고 있다. 《내훈》에서 제시하는 시어머니와 며느리의 관계는 다음과 같다.

며느리가 공경하지 않거나 효도하지 않아도 증오하거나 미워해서는 안 된다. 시어머니로서 가르쳐야 한다. 가르친 연후에도 듣지 않으면 화를 낼 것이요, 화를 내고 꾸짖은 연후에도 듣지 않으면 매를 때릴 것인데, 누차 때렸는데도 고쳐지지 않으면 며느리를 쫓아내야 한다.

시부모인 세조 내외에게 정성을 다하고 두 아들에게는 엄격한 어
머니였던 소혜왕후야말로 조선 왕실의 입장에서는 훌륭한 며느리
였다. 자식들에게 너무 엄격하여 세조 내외에게서 '폭빈暴嬪'이란
농담을 듣기도 했지만 사실 세조는 '효부'라 칭찬해 마지않았다.

　　소혜왕후는 자신이 쓴 책대로 왕실을 지켜가는 것을 이상으로 삼
았을 테지만 그녀가 신봉한 유교적 질서와 예법은 다른 여성, 특히
며느리에게는 큰 고문일 수밖에 없었다.

　　윤씨가 사약을 받은 뒤 책봉된 세 번째 왕비는 파평 윤씨(정현왕
후)였다. 이 과정에서 후궁 엄씨와 정씨는 소혜왕후의 계략에 희생
양이 되었다. 즉 후궁 엄씨와 정씨는 중전의 지위를 차지하려는 욕
심에 윤씨 폐비에 적극 협조했으나 정작 소혜왕후는 전혀 새로운
인물을 왕비로 추대한 것이다.

　　정현왕후 윤씨는 12세에 후궁으로 간택되어 어릴 때부터 소혜왕
후에게서 왕실 법도를 배운 순종적인 여인이다. 정현왕후 윤씨는
연산을 자신의 친아들처럼 키웠다고 하지만 알고 보면 정현왕후 역
시 폐비 윤씨를 축출하는 데 무관한 입장이 아니었다. 윤씨 폐비 당
시 주동적인 역할을 한 사람은 윤필상이었고, 성현왕후 윤씨의 아
버지 윤호는 윤필상의 당숙이었던 것이다. 조정 안에 자신의 세력
을 갖추지 못한 폐비 윤씨에 비하면 정현왕후 윤씨는 친정과 막강
한 소혜왕후의 지지를 등에 업고 왕비가 될 수 있었다.

　　정현왕후는 연산군을 아들로 입적하여 친자식처럼 대했다지만
막상 진성대군을 낳자 연산군은 외로운 처지가 되었다. 자칫 연산
은 진성대군에게 세자의 자리를 빼앗길 수도 있었지만 성종의 때
이른 승하(38세)로 인해 그런 일은 생기지 않았다.

　　인생이 자신의 뜻대로 이루어지지 않듯이, 연산군 10년 복수의

덕종과 소혜왕후 한씨의 능인 경릉   며느리 윤씨를 못마땅하게 여겨 폐위와 사사의 막후 역할을 한 소혜
왕후는 연산군의 복수에 희생당한다. 하지만 능만큼은 왕후 수준으로 석물을 갖추어, 남편인 덕종의 무덤보
다 더 화려하게 조성되어 있는 특이한 왕릉이다. 경기도 고양시 서오릉 내에 있다.

칼날을 세운 연산은 성종의 후궁 엄씨와 정씨를 죽이는 현장에서 소혜왕후를 머리로 들이받아 쓰러지게 만들었다. 그 후유증으로 소혜왕후는 파란만장했던 생을 68세로 마감했다. 연산군은 하루를 한 달로 치는 속성 장례방식 역월제易月制에 따라 소혜왕후의 장례를 25일 만에 끝냈다. 평생 유교질서를 신봉했던 그녀가 철저히 예법에 어긋난 결말을 보게 되었으니 역사의 아이러니가 아닐 수 없다.

소혜왕후는 유교사회에서 기득권을 가진 상류층 여성의 한계를 보여준다. 만약 그녀가 지식인으로서 여성의 입장에 서 있었다면 지금 그녀에 대한 평가는 달라졌을 것이다. 이후 소혜왕후와 성종, 폐비 윤씨와 연산군의 이야기는 고부간 갈등의 대표적인 사례가 되었다. 이긍익은 《연려실기술》을 통해 이 사건의 교훈을 전하고 있다.

> 윤씨가 죽을 때 약을 토하면서 목숨이 끊겼는데, 그 약물이 흰 비단 적삼에 뿌려졌다. 윤씨의 어미가 그 적삼을 전하여 뒤에 폐주(연산군)에게 드리니 폐주는 밤낮으로 그 적삼을 안고 울었다. 그가 장성하자 그만 마음의 병이 되어 마침내 나라를 잃고 말았다. 성종이 한번 집안 다스리는 도리를 잃게 되자 부부 사이도 허물어지고 원자도 또한 보전하지 못했으니 뒷세상의 임금들은 이 일로 거울을 삼을 것이다.

성종의 최대 약점과 한계

조선의 헌법이라 할 수 있는 《경국대전》이 완성되고, 출판대국이라 부를 정도로 많은 출판물이 쏟아진 성종 치세기(재위 25년)는 그

야말로 문화의 태평성대를 이룬 시대였다. 하지만 그에게도 정통
성에 대한 콤플렉스가 있었다. 할머니 정희왕후와 어머니 소혜왕
후의 입김에 의해 종법상 왕이 될 수 없는 자신이 왕위에 올랐다는
점이었다.

세조 재임 중 의경세자는 요절하고 둘째아들 예종마저 즉위 1년
2개월 만에 세상을 떠났다. 종법宗法에 따르면 예종의 아들 제안대
군이나 의경세자의 첫째 아들인 월산대군이 우선 순위였지만 둘째
아들인 자을산군(성종)에게 왕위가 넘어갔다. 예종이 죽자 정희왕
후는 바로 "자을산군을 임금으로 삼으라는 세조의 유명遺命이 있었
소"라며 나이 13세의 성종을 추대한 것이다. 제안대군은 당시 3세
였으므로 너무 어리고, 월산대군은 몸이 허약하다는 이유였다. 하
지만 그 배후에는 정희왕후와 한명회의 결탁이 있었다. 정희왕후
입장에서 약화된 왕권을 지키고 자신의 수렴청정을 안정적으로 보
장받으려면 자을산군의 장인丈人인 한명회가 필요했던 것이다. 한
명회 또한 자신의 권세를 유지하려면 왕실과의 외척관계를 굳건히
해야 했다. 사실 한명회는 세조 때부터 권세를 누렸던 인물로서 예
종의 비(장순왕후)도 한명회의 딸이었고, 성종의 첫번째 왕비였던
공혜왕후 역시 한명회의 딸이었다.

이렇듯 정희왕후와 한명회의 조력으로 왕위에 오른 성종은 7년
동안 정희왕후의 수렴청정을 받았고, 정국의 주도권은 그들에게
있었다.

여기에 또 한 인물인 소혜왕후 한씨 역시 무시할 수 없는 권문세
가의 딸로서 의경세자의 죽음으로 잠시 사저에 나와 살았으나 아
들 성종이 즉위하고 의경세자가 덕종으로 추존되자 대비가 될 수
있었다.

성종은 재위 25년간 정희왕후와 소혜왕후 그리고 공신들 사이에서 갈등을 겪었다. 성종이 친정을 하면서는 신진세력인 사림파를 동원하여 훈구파 공신들의 권력을 견제할 수 있었으나, 효孝를 중시하는 유교사회에서 대비전의 의사를 거역하기란 쉽지 않았다. 대비들과 형 월산대군을 위해 연회를 자주 벌였다는 기록을 보면 성종이 재임 기간 내내 그들을 모시는 데에 신경 썼음을 알수 있다.

성종은 효자였고, 술과 시를 좋아하는 부드러운 성격의 소유자였으며, 화려한 여성 편력으로도 유명하다. 그러나 신하들이나 자신의 여자관계에 대해서는 관대하면서도 부인의 질투와 여성의 재혼

연산군 묘   연산군은 중종반정으로 강화의 섬 교동으로 유배되었다가 1506년 병사해 그곳에 묻혔다. 부인 신씨가 중종에게 상언하여 1513년 사위인 능성 구씨의 선산인 현재의 위치(서울 도봉구 방학동)로 옮겨왔다. 부인과 함께 나란히 쌍분을 이루고 있다.

에 대해서는 매우 완고한 이중 잣대를 가지고 있었다. 단적인 예로, 당시 사대부 남성들과 문란한 관계를 맺어 희대의 인물로 남은 어우동於乙于同에게 사형을 내렸으나 그녀와 어울렸던 남성들은 대부분 사면했다. 더욱이 신료들도 반대한 '과부 재혼 금지법'을 통과시킨 것을 보면 성종의 여성관은 뚜렷해진다. 많은 대신들이 과부가 된 여성의 재혼은 허가하고 삼가三嫁부터 금하자는 의견을 내놓았으나 성종은 "굶어죽는 것은 작은 일이나 정절을 잃는 것은 큰일"이라는 소수의견을 좇아 과부의 재혼 금지를 《경국대전》에 명시하여 법으로 정했다. 이 법은 조선 후기까지 여성 억압과 통제의 구실로 작용하게 된다.

윤씨의 죄상을 기록한 《성종실록》을 보면 윤씨는 확실히 국모로서 부끄러운 죄를 남겼다. 그러나 후대의 후궁들이 당파와 관련해 직접적으로 역모에 가담한 것에 비교하면 그녀의 죄는 남편의 사랑을 받고 싶은 평범한 여인의 질투에 불과하다. 폐비 윤씨는 죽으면서 자신은 "엄씨와 정씨의 모함 때문에 죽는다"고 했지만 정작 그 책임은 성종과 소혜왕후에게 있으며, 더 궁극적으로는 유교사회의 모순을 정당화시켜주는 가부장 이데올로기에 있을 것이다.

성종 치세 기간 동안 조선은 최고의 태평성대를 누렸다고 하지만 성종 후반에 갈수록 사회 전체적인 퇴폐풍조가 심해졌다. 이는 왕이 스스로 모범을 보이지 못한 데서 나온 결과이고 연산군의 사치와 향락 역시 그 아버지로부터 배운 것이 아니었을까!

성인의 칠거의 법이 있으니, 만일 그런 죄라면 버리고 말 것이지 하필 죽여야 하는가? 성종께서 명철한 임금이시지만 어찌 잘못한 일이 없겠는가? 그때의 재상들이 극력하게 간하였다면 반드시 임금의 마음을 돌릴 수 있었을 것이다. 옛말에 '만일 도가 아닌 일이라면 어찌 3년을 기다릴 것인가?' 하였다.

《연산군일기》 10년 3월 23일

연산군은 세상 전부에게 복수를 하려는 듯, 모친의 죽음에 관계된 모든 사람들을 죽였을 뿐 아니라 유교가 신봉하는 도덕적 군주의 모습을 거부하고 난봉꾼이 되어갔다. 연산군이 만약 어머니의 사랑을 충분히 받으며 자랐다면 그토록 폭군이 되지는 않았을 것이다. 어린 시절 그의 어머니에 대한 그리움을 잘 보여주는 일화가 있다.

연산이 동궁이었을 때 어느 날 성종에게 거리에 나가 놀고 싶다고 청하니 성종이 허락하였다. 저녁 때 동궁이 궁궐로 돌아오자 성종이 "오늘 밖에서 무엇을 보았느냐?"고 물었다. 연산은 "구경할 만한 것은 없었습니다. 다만 송아지 한 마리가 어미 소를 따라가는데, 그 어미 소가 문득 울면 송아지도 따라 울고 하니 이것이 가장 부러운 일이었습니다" 하였다. 성종은 이 말을 듣고 슬피 여겼다.

《연려실기술》

세조 1년(1455)		탄생. 함안 윤씨. 부父 윤기견(또는 윤기무), 모母 신씨
성종 4년(1473)	3. 19	후궁 숙의로 간택
성종 5년(1474)	4. 15	원비 공혜왕후 사망
성종 7년(1476)	8. 9	왕비로 책봉
	11. 7	왕자 연산군 낳음
성종 10년(1479)	6. 13	폐서인되어 친가로 쫓겨남
성종 13년(1482)	8. 16	38세로 사사됨
성종 20년(1489)	5. 20	성종이 '윤씨지묘'라는 묘비 세워줌
연산 3년(1497)	4. 9	사당은 '효사', 묘소는 '회'라고 함
연산 10년(1504)	5. 6	시호를 '제헌왕후', 회묘를 '회릉'으로 추숭
중종 1년(1506)		반정으로 폐위되어 회릉은 다시 회묘로 격하
1969년		서삼릉 내역으로 이장

제9대 성종 (혈, 자을산군 1457~1494)

공혜왕후 한씨(1456~1474)	………	후사 없음
폐비 윤씨(1445~1482)	………	1남(연산군)
정현왕후 윤씨(1462~1530)	………	1남(중종) 1녀(신숙공주)
명빈 김씨(미상)	………	1남(무산군)
귀인 정씨(?~1504)	………	2남(안양, 봉안군) 1녀(정혜옹주)
귀인 권씨(1471~1500)	………	1남(전성군)
귀인 엄씨(?~1504)	………	1녀(공신옹주)
숙의 하씨(미상)	………	1남(계성군)
숙의 홍씨(1457~1510)	………	7남(완원, 회산, 견성, 익양, 경명, 운천, 양원군) 3녀(혜숙, 정순, 정숙옹주)
숙의 김씨(미상)	………	3녀(휘숙, 경숙, 휘정옹주)
숙용 심씨(미상)	………	2남(이성, 영산군) 2녀(경순, 숙혜옹주)
숙용 권씨(미상)	………	1녀(경휘옹주)
남빈 남씨(미상)	………	후사 없음

3

아들과 함께 폐서인이 된 어머니
광해군의 어머니 공빈 김씨

조선 전기에는 정비正妃의 아들들이 주로 왕위를 계승했지만 선조 때부터는 정비의 소생이 귀해지면서 후궁의 소생도 왕위 계승의 기회를 얻게 된다. 이에 따라 왕위 다툼은 형제간의 싸움이 아니라 세자 책봉을 둘러싼 후궁 간의 치열한 접전으로 이어졌다.

조선 초기만 하더라도 후궁은 신분상 정비의 자리를 넘볼 수 없는 처지였다. 그러나 사대부 출신의 후궁들이 친정세력을 기반으로 권력을 형성하기 시작하면서 중전과 세자의 자리를 위협하게 되었다. 그 대표적인 인물이 중종의 후궁인 경빈 박씨였다. 경빈 박씨는 중종의 총애를 내세워 왕세자 이호(인종)를 밀어내고 그 자리에 자신의 아들 복성군을 세우려 할 만큼 궁궐 내에서 세력을 형성했다. 정치개혁을 외치며 정계에 뛰어든 신진 사림들도 당쟁이 심화되면서 권력을 쟁취하고자 외척을 이용하기는 마찬가지였다. 결국 선조 때부터 본격적으로 시작된 붕당정치는 건전한 정책대결이라는 궁정적인 측면보다는 점차 중앙권력을 장악하기 위한 음모와 정쟁 쪽으로 흘렀다. 그 권력다툼 속에는 왕과 가까이에 있으면서 왕위계승에 결정적인 역할을 할 수 있는 왕비나 후궁들의 결탁이 있었다.

후궁 파워의 예고편, 두 서자의 대결

최초의 한글소설 《홍길동》에서처럼 적서의 차별이 심해 서자가 '아버지를 아버지라 할 수 없고 벼슬길에도 나가지 못하던 시대'에 서자 출신이 왕이 되는 일대 사건이 벌어졌다. 명종이 후손 없이 타계하자, 덕흥군(중종의 후궁인 창빈 안씨의 아들)의 3남 하성군이 14대 왕 선조로 즉위한 것이다. 명종과 인순왕후 심씨 사이에는 순회세자가 있었지만 명종 18년(1563) 13세의 어린 나이로 죽고 말았다. 인순왕후는 명종 승하 후 평소 명종이 총애하던 하성군에게 왕통을 이어받게 하였다.

선조는 자신의 출신에 대한 열등감 때문에 세자만큼은 정비에게서 얻고자 했다. 그러나 원비元妃인 의인왕후懿仁王后 박씨는 선조 33년(1600) 46세의 나이로 세상을 떠날 때까지 후사가 없었다. 반면 8명의 후궁에게서는 13남 10녀의 자손을 얻었다. 그중 대표적인 후궁이 공빈恭嬪과 인빈仁嬪이다. 선조는 먼저 공빈에게서 두 명의 아들을 얻었고, 공빈이 죽은 후에는 인빈에게서 4남 5녀를 얻었다.

공빈과 인빈은 서로 선조의 총애를 두고 다투었고, 공빈이 죽은 다음에는 그녀들의 아들 광해군과 신성군이 세자 자리를 놓고 다투었다. 조선 역사에서 광해군의 어머니 공빈과 신성군의 어머니이자 인조의 할머니가 되는 인빈은 광해군과 인조의 엇갈린 운명처럼 비교되는 인물이다.

공빈 김씨와 인빈 김씨가 암투를 벌였다고는 하지만 공빈이 광해군을 낳고 2년 만에 사망했으니 사실상 대척한 기간은 그리 길지 않았다. 임진왜란 이전의 기록들이 많이 소실되어 공빈에 관해 자세히 알 수는 없지만, 그녀의 아버지가 사포(司圃, 대궐 뜰의 설비를 맡아보는 정8품의 관직) 김희철이고 어머니는 권장의 딸 안동 권씨라는 사실로 보아 그녀가 양반가의 딸임을 알 수 있다.

1567년 16세에 즉위한 선조는 3년간 명종의 국상을 치르고 나서야 의인왕후와 가례를 올렸다. 불행히도 원비가 아이를 낳지 못하는 동안 후궁 공빈이 임해군을 낳았으며(1574) 그 다음 해에 또 광해군을 낳았다. 귀인의 신분이었던 김씨는 임해군을 낳고서 공빈으로 승격되어 선조의 사랑을 독차지했다.

그러나 공빈의 전성기는 광해군을 낳고 2년 만에 끝나고 만다. 산후병이 계속되어 1577년 5월 27일 25세의 젊은 나이에 세상을 뜨고 만 것이다. 졸지에 생모를 잃게 된 두 왕자 임해군과 광해군은 정치적으로 불안한 처지가 되었다. 궁중에서 모자 관계란 서로를 보호해주는 울타리라고 할 수 있는데 보호막을 잃은 두 형제는 후궁들의 냉혹한 시선 속에서 외롭게 성장할 수밖에 없었던 것이다.

공빈과 경쟁관계였던 인빈 김씨는 당시 아직 '빈'에 오르지 못한 '소용昭容'이었는데, 죽은 공빈의 허물을 선조에게 일러바침으로써 선조의 환심을 얻었다.

소용 김씨(뒤에 인빈이 됨)가 곡진히 보호하면서 공빈의 묵은 잘못을 들춰내자, 상이 다시는 슬픈 생각을 하지 않으면서 "제가 나를 저버린 것이 많다"고 하였다. 이로부터 김소용이 특별한 은총을 입어 방을 독차지하니 이는 전에 비할 바가 아니었다.

《선조수정실록》 10년 5월 1일

　인빈은 1577년부터 의안군, 신성군, 정원군(인조의 아버지 원종), 의창군 등 4남을 낳고 또 다섯의 딸을 낳았을 만큼 선조의 사랑을 한몸에 얻었다. 사관史官의 말대로 선조의 총애가 "전에 비할 바가 아닐" 정도였다. 조종조로부터 궁중에서 금성金姓은 목성木姓에 해롭다는 설이 있어 이李씨 왕조에 여자를 들일 때 언제나 김씨를 제외해왔는데, 선조 때는 후궁만도 공빈, 인빈, 순빈이 모두 김씨였고 계비로 들어온 인목왕후 역시 김씨였다. 이로 인해 식자들은 불길함을 우려했다고 한다.

　인빈은 1608년 광해군이 즉위하고 1613년까지 살아 있었으니, 공빈에 비해 비교적 기록이 많이 남아 있는 편이다. 어린 나이에 선조의 후궁으로 궁에 들어온 그녀는 사헌부 감찰 김한우의 딸로, 어머니는 효령대군의 후손 전주 이씨 가문이었다. 사촌간인 명종의 후궁 숙의 이씨가 어린 그녀를 궁중으로 데려와 키우면서 일찌감치 궁살이를 했는데, 유순하고 침착해 소꿉놀이를 하더라도 부녀의 규범을 어기지 않았다고 한다. 그 품성을 눈여겨본 명종비 인순왕후가 선조의 후궁으로 두게 했다. 당시는 선조 1년(1568), 인빈의 나이 14세였다. 선조가 정식으로 혼인을 치르기도 전에 후궁을 먼저 들인 경우로, 정식으로 간택을 받거나 승은을 입지 않고도 이처럼 왕실 어른들이 미리 후궁으로 들이는 예가 종종 있었음을 알 수 있다.

　인빈 역시 선조의 총애를 받았던 공빈을 시기했고 공빈이 죽은 뒤 그녀의 아들들인 임해와 광해를 미워한 것은 사실이다. 그러나 임진왜란으로 갑자기 광해군이 세자로 책봉되자 그녀는 태도를 바꿔 선조에게 광해군을 변호해주곤 했다. 광해군은 즉위 후에 "내가 서모의 은혜를 받아서 오늘에 있게 된 것이니, 그 의리를 감히 잊지 못한다"고 할 정도였다. 인빈의 아들들이 광해군의 왕위를 위협하는 존재였음에도 불구하고 무사할 수 있었던 것은 이 때문이었다.

불안한 세자 자리

조선의 왕위계승은 원칙적으로 적장자를 우선으로 한다. 왕비가 첫 아들을 낳으면 '원자元子'라고 해서 세자 책봉 이전에 왕위계승의 우선권을 부여한다. 그리고 원자가 8세쯤 되면 세자로 책봉되어 본격적인 왕위계승 교육을 받게 된다. 하지만 선조의 경우 원자를 낳지 못한 채 후궁의 아들들만 장성한 상태였고 세자 책봉은 무한정 지연되고 있었다. 선조는 그만큼 적자가 생기기를 기다렸던 것이다.

선조의 나이 40이 다 되도록 세자 책봉이 이루어지지 않자 불안해진 대신들은 서자 중에서 세자를 책봉하자는 건의를 하게 되는데, 그때가 임진왜란 1년 전인 선조 24년(1591)이다. 당시 첫 번째 서자인 임해군은 성격이 포악하다 하여 신하들은 광해군을 추대했으나 선조는 인빈의 아들 신성군을 염두에 두고 있었다.

선조 시기는 본격적인 사림정치가 전개된 시기로, 명종이 승하하면서 훈구와 외척세력들이 약화되고 사림들이 관직에 나서게 되었다. 선조 역시 조광조를 영의정에 증직하면서까지 사림정치를 우대했다. 하지만 사람들이 본격적으로 중앙 정계에 진출하면서 이권을 놓고 분열되기 시작하더니, 동인과 서인으로 나뉘어 세자 책봉 문제(建儲, 건저)를 놓고 입장 차이를 나타냈다.

좌의정 정철은 우의정 유성룡, 영의정 이산해 3정승이 함께 모인 경연 자리에서 세자 책봉문제를 거론하며 광해군을 추천했다. 이에 선조는 "내 나이 창창한데 무슨 세자 책봉을 운운하냐"며 크게 화를 냈고 정철은 결국 반대파의 탄핵을 받아 유배되었다.

여기에는 서인 정철을 제거하기 위한 동인 이산해의 음모가 있었다. 이산해는 인빈 김씨의 오빠 김공량과 모의해 "정철이 인빈과 그 아들 신성군을 죽이려 한다"고 인빈 김씨로 하여금 선조에게 고하게 했던 것이다. 이미 이 사실을 듣고 경연에 참석한 선조에게 정철의 광해군 세자 추천은 순수하게 들릴 리가 없었다. 이 일은 서인이 실각하는 계기가 되었다. 이때 서인에 대한 처벌 문제를 놓고 동인 내에서 온건파 남인과 강경파 북인으로 갈리게 된다. 북인은 다시 대북과 소북으로 갈리고 나중에 광해군 즉위에 공을 세운 대북파가 광해군 시기에 권력을 잡게 된다. 하지만 영창대군 살해와 인목대비 유폐로 비난을 받으며 인조를 앞세운 서인에게 숙청되고 만다.

이렇게 질질 끌던 세자 책봉문제는 1592년 4월 조선 최대의 전쟁 임진왜란이 발발하면서 급박하게 결정된다. 급속도로 북진하는 왜군에 쫓겨 피난을 떠나야 할 지경에 처하자 선조는 피난 바로 전날인 4월 29일 책봉의식도 없이 광해군을 왕세자로 결정한다고 공표했다. 다음 날 조선의 왕실과 조정은 서둘러 피난을 떠났다. 한양·개성·평양의 3도都가 왜군에 의해 함락되자 선조는 요동遼東으로 망명할 계획까지 세우고 왕세자인 광해군으로 하여금 본국에 남아 종묘사직을 받들어 나라를 다스리라는 왕명을 내린다. 이때 만들어진 소조정小朝廷이 분조分朝이다. 광해군의 나이 18세가 되도록 세자 책봉을 미루던 선조는 일신의 안전을 위해 도망치면서 혼란에 빠진 나라와 백성에 대한 책임을 세자 광해군에게 떠넘긴 것이다.

광해군은 영의정 최흥원을 비롯해 분조에 남은 중신 10여 명을 이끌고 전쟁 지휘를 맡았다. 각 지역에서 고군분투한 의병장과 장수들에게 상을 내리고 관직에 임명하는 등 그 공을 격려했으며, 왜병이 서울에서 물러난 뒤에도 각지를 다니며 민심을 수습하는 데 힘썼다. 임진왜란이 조정에게는 위협이었지만 광해군에게는 세자로 책봉되는 기회가 된 셈이다. 더욱이 광해군과 세자 자리를 다투던 신성군은 1592년 의주 피난길에서 병사하였다.

왜란 중에 분조를 이끌며 공을 세웠으나 광해군은 전쟁이 끝나자 다시 위기를 맞는다. 중국으로부터 세자 책봉을 인정해주는 고명(誥命, 중국에서 보내오는 임명장)이 오지 않았던 것이다. 명나라는 조선에 원군을 보내 지원해줄 때는 광해군이 영웅의 풍채에 위인의 기상을 하고 있다며 모든 결재를 위인함으로써 광해군을 왕세자로 대우하더니, 전쟁이 끝나고 나자 맏아들을 제치고 둘째 아들을 세자로 책봉할 수 없다는 입장을 내세웠다.

엎친 데 덮친 격으로 선조가 두 번째로 맞이한 계비 인목왕후가 선조 39년(1606) 선조의 나이 55세에 마침내 적자인 영창대군(1606~1614)을 낳았다. 오랫동안 적자 출산을 기다려온 선조로서는 영창대군을 각별히 아낄 수밖에 없었고, 이어서 왕위를 계승시킬 뜻도 없지 않았다. 그러나 영창대군의 나이는 너무 어렸고, 선조의 병세는 날로 악화되어 1608년 57세에 세상을 하직하고 만다.

선조가 조금 더 오래 살았다면 상황이 달라졌을 수도 있었겠지만 결국 광해군은 불안했던 16년간의 세자생활을 끝내고 마침내 조선의 제15대 왕으로 즉위하였다.

어머니를 왕후로 만들다

우여곡절 끝에 34세가 되어서야 어렵게 왕이 되었으나 광해군의 고민은 끝나지 않았다. 이번에도 즉위한 자신을 왕으로 인정하지 않는 중국이 문제였다. 중국은 여전히 장자가 아닌 둘째 왕자의 즉위를 인정할 수 없다며 조선 조정에 시비를 걸었다. 그러자 광해군은 자신의 걸림돌이 된 친형 임해군을 역모로 몰아 진도로 유배 보냈다가 1609년 사사한다. 그리고 사신을 불러들여 극진한 접대로써 중국의 인정을 받아낸다.

친형을 희생해 왕위를 인정받은 광해군에게는 또 다른 약점이 있었으니, 후궁 소생의 서자라는 신분이었다. 세 살에 여읜 어머니에 대한 그리움이 각별했던 광해군은 즉위하자 공빈 김씨를 왕후로 추존하고자 했다. 어머니를 왕후로 모심으로써 자신의 지위를 인정받으려는 의도였다. 우선 맏아들 임해군의 집에 모셔져 있던 공빈의 신주를 "역적의 집에 그대로 둘 수 없다" 하여 광해군이 살던 잠저로 옮기도록 했다. 그리고 선조의 국상기간이 끝난 1610년부터 본격적으로 공빈의 추숭작업에 들어간다. 즉위 초부터 폐위되기 직전인 광해 14년까지의 추존 과정은 실로 끈질기고 애절한 사모의 여정이었다.

처음에 예조에서는 왕후보다 한 단계 낮은 왕비로 정하고 별묘別

廟 제사를 건의했으나 광해군은 그 의견을 무시하고 왕후로 추존하게 했다. 그리하여 광해 2년(1610) 공빈의 시호를 공성왕후恭聖王后로, 능의 이름은 성릉成陵으로 하였다. 또 공빈의 아버지 김희철을 해령부원군으로 추숭함으로써 생전에 왕비가 되었을 때의 예를 그대로 따랐다. 폐주廢主 연산군이 생모인 폐비 윤씨를 추존할 때 시호를 제헌왕후로 높이고 무덤을 회릉으로 추봉한 경우와 같다. 하지만 연산군이 별묘를 만들어 어머니 신주를 모신 것과 달리 광해군은 어머니를 왕후로 추존하여 종묘에까지 모시고자 했고, 중국으로부터 정식 고명을 받기를 원했다. 제후국으로서 왕이나 왕비, 세자와 세자빈을 책봉하고 이를 중국에 보고해 고명과 관복을 받아오던 형식을 공성왕후에게도 그대로 적용하고자 한 것이다.

신하들의 반대가 거셀 수밖에 없었다. 광해군은 의인왕후의 양자로서 왕세자 책봉을 받은 것이니 의인왕후의 아들이기도 한 셈인데 공빈이 왕후로 추존된다면 의인왕후와 동격이 되는 것이며, 이는 예의 질서를 무너뜨리는 것이었다. 또한 일부 일처제의 조선에서 동시대에 두 명의 정비가 있을 수는 없었다.

당시 신하들과의 논쟁을 살펴보면, 신분질서로 사회기강을 유지하던 조선사회에서 후궁에 대한 추숭이 얼마나 어려운 것인지 알 수 있다. 광해군은 왕이라도 어길 수 없는 원칙에 정면으로 도전한 셈이었다.

한편 왕비와 왕후에는 차이가 있었음을 알 수 있다. 즉 왕의 정실인 왕비는 생전에는 왕비고 죽고 나면 왕후로 추존된다. 왕후라는 호칭은 매우 높은 표현이라 제후국인 조선에서 함부로 쓸 수 없기 때문에 중국이 알까 조심스러웠다고 한다.

왕후라는 호칭은 바로 곤위를 지극히 높이는 명칭이므로 천자의 배위配位만이 이 호칭을 사용할 수 있습니다. 우리나라 묘호廟號에 왕후라 호칭한 것도 명나라에서 듣지 못하도록 해야 하는 것인데, 더구나 우리나라와 같은 처지로는 자유롭게 할 수 없고 천자에게 품의하여 위호位號를 정해야 하므로 호칭과 등분을 정할 때 잠시라도 규정을 어겨서는 안 됩니다. 어버이를 높이는 도는 예에 합하는 것이 귀하고 명호名號를 높이는 것은 체제에 맞는 것이 합당한 것이니, 예에 어긋나는 것은 성효誠孝에 결함이 될 것이고 분수에 넘치는 지위는 신명도 거북스럽게 여길 것입니다. 새로 즉위하여 처음을 바로잡고 움직일 때마다 예법을 따라야 하는 이때에 어찌 마음 내키는 대로 거행하여 성덕聖德에 누를 끼치려 하십니까.

《광해군일기》 2년 3월 8일

대신들의 반대가 거듭되고 예조에서도 결정을 못하고 주저할 때, 광해군은 심지어 "후세에 비록 험악한 의논이 있더라도 내가 당할 것이니 무조건 거행하라"고 촉구했다. 어머니 추숭을 위해서라면 자신의 왕위를 걸고라도 추진하겠다는 강경한 자세였다. 그해 3월 29일 추숭도감을 설치하고 어머니 공빈을 공성왕후로 추존하는 작업에 착수해 6월 6일 책보册寶를 올리는 추숭례를 치렀다. 이때 대사헌과 사간원 관리들이 왕에게 제대로 간언하지 못했다며 사직을 청했으나 광해군은 이를 허락하지 않았다.

관직을 포기할 만큼 거셌던 신하들의 반대에도 불구하고 광해군은 모친의 신주를 종묘에 모시려고까지 했다. 광해 5년(1613) 윤11월 영창대군을 서인으로 강등시켜 강화도로 유배 보낸 후 죽음에 이르게 한 계축옥사癸丑獄事 이후 광해군은 다시 공성왕후 책봉 문

공빈 김씨의 묘인 성묘 광해 2년(1610) 광해군은 어머니 공빈 김씨를 공성왕후로 추존하고 묘를 성릉이라
하였다. 인조반정이 일어나 성릉은 다시 성묘로 강등되었고 석물도 모두 없애버리라 했으나 현재까지 석물
들은 그대로 남아 있다. 광해군은 어머니를 그리워해 성묘 근방에 묻혔다. 경기도 남양주시 진건면 소재.

제를 거론했다. 그해 12월 박홍구, 이지완을 명나라 주청사로 보내 중국의 고명과 관복을 받아오게 했다. 신하들의 반대는 또다시 묵살됐다. 광해군의 어머니에 대한 그리움과 효심은 그가 공성왕후 책봉을 중국에 주청하는 글에 잘 나타나 있다.

신(臣, 중국의 제후국임을 자처한 조선의 왕이 중국 황제에게 자신을 낮춘 표현)은 일찍이 불행하게도 겨우 두 살에 자모慈母가 돌아가시어 끝없는 슬픔 속에 어언 30여 년을 지냈습니다. (중략) 신은 외람되게 황제가 내리신 은총으로 귀하게 나라의 임금이 되었는데도 낳아 길러준 어머니는 아직까지 명칭이 없습니다. 생전에는 제후 임금이 모시는 봉양을 받지 못했고 사후에는 높여 드러내는 존호를 더하지 못했으니, 낳고 길러준 은혜 갚고자 하나 갚을 길이 없어 복받치는 사모의 심정 한량이 없으며 말이 여기에 다다름에 오장육부가 찢어지는 듯이 아픕니다.

《광해군일기》 5년 12월 11일

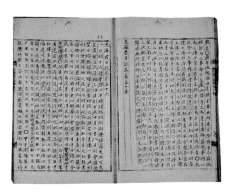

《광해군일기》 광해군 재임 시기를 기록한 실록으로 인조 2년(1624)에 편찬되었다. 폐위된 왕이기 때문에 '일기'라는 표현을 쓴다.

과거 성종 대에 생부모인 덕종과 소혜왕후를 추존하여 중국으로부터 고명과 관복을 하사받은 전례가 있었음을 강조하면서 중국 황제에게 극진히 호소했다. 한 나라의 국왕으로서 중국 황실에서 고명을 받고자 애원하는 구절들이 구차하기까지 하다.

사실상 광해군과 중국은 그리 편한 관계가 아니었다. 세자 때부터 왕이 된 후까지 줄곧 장자가 아니라는 이유로 광해군의 책봉을 미뤄온 중국이었다. 그러나 광해군은 명나라에 대한 분노를 참고 어머니의 왕후 추존을 위해 자신을 한껏 낮출 수밖에 없었다. 책봉에 관한 한 중국으로부터 고명을 받아야 확실해진다는 것을 경험상 잘 알고 있었기 때문이다. 공빈의 추숭과정은 광해군의 집착에 가까운 열의로 인해 모든 절차를 밟으며 꼼꼼하게 진행되었다. 광해군의 간절한 염원이 통했는지 주청한 지 1년 반이 지난 광해 7년 (1615) 6월 13일 사은사謝恩使 윤방 등이 공성왕후의 고명을 싸가지고 중국에서 돌아왔다.

마침내 광해군은 9월 13일 공성왕후의 신주를 종묘에 부묘했다. 왕후의 아들로서 자신의 정체성을 완성한 감격적인 순간이 아닐 수 없었다. 그해 6월부터 9월까지 공빈을 공성왕후로 추숭하여 부묘하기까지의 과정을 기록한《공성왕후 부묘도감의궤》를 보면, 부묘과정에 의인왕후와 조금이라도 차이가 없도록 철저히 왕후의 예를 갖추고자 했음을 알 수 있다. 이로써 선조의 종묘 신실에는 의인왕후와 공성왕후 두 명의 왕후 신주가 모셔졌다.

그런데 이번에는 관복이 문제였다. 중국에서 고명을 받아낸 것까지는 좋았는데, 관복이 오지 않은 것이다. 광해군이 주청사를 보내 관복까지 받아내려 하자, 다시 신하들이 반대하고 나섰다. 그러자 광해군은 사은 전문을 빌미로 김상헌, 이민성을 삭탈관직했다. 그

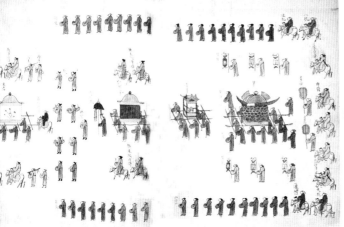

《공성왕후 부묘도감의궤》 공빈 김씨를 공성왕후로 추존한 광해군은 광해 7년(1615) 중국으로부터 왕후책봉 고명을 받아와 종묘에 신주를 올렸다. 그해 6월부터 9월까지 공성왕후 부묘과정을 기록한 책으로 반차도까지 그려져 있어 왕후의 부묘과정을 찾아볼 수 있는 소중한 자료이다. 서울대 규장각 소장.

러고는 다시 광해 8년 11월 4일 좌의정 이정구와 공조판서 유간을 명나라에 보내 공성왕후의 면복을 주청했고 이듬해 8월 마침내 명나라로부터 관복을 받기에 이른다. 광해 14년 공성왕후의 증조부모, 조부모까지 추증하여 무덤의 석물과 비석, 신주를 세웠다.

　어머니 공빈을 왕후로 추존하기 위한 14년간의 과정은 참으로 험난하고 치열한 것이었다. 반대하는 신하들과 논쟁하며 설득하기도 하고 위협하기도 하면서 얻어낸 결과였지만 그 희생은 너무 컸다. 무리한 생모 추숭이 광해군 몰락의 직접적인 원인은 아니었다 하더라도 그 과정에서 자유로운 간언을 막음으로써 진실된 목소리가 사라졌고, 광해군은 점차 지지기반을 잃어갔다.

인조반정과 광해군 모자의 몰락

광해군의 오랜 노력은 1년 뒤에 일어난 인조반정으로 한순간에 물거품이 되었다. 임진왜란을 몸으로 겪으며 전쟁을 직접 지휘했던 광해군으로서는 명분보다 실리 우선의 통치를 선택했다. 즉 쇠락하는 명나라와 새로 등장하는 후금과의 등거리 외교를 펼치고자 했다. 그러나 명나라를 사대事大의 예로 모시던 관료들로서 이것은 의를 저버린 배신이며 오랑캐와 손잡는다는 것은 도저히 따를 수 없는 일이었다. 광해군의 실리론은 결국 명분을 잃었고, 형제인 영창대군을 죽이고 계모인 인목대비를 서궁에 유폐시킨 사건은 치명적인 약점이 되어 인조반정을 초래하기에 이른다. 그 후 광해군을 지지하던 대북파가 쫓겨가고 서인의 시대가 온다.

인조 1년(1623) 공성왕후는 다시 공빈으로, 능은 성묘로 강등됐고, 명나라에서 어렵게 받아온 고명과 면복은 불태워졌다. 광해군이 즉위 초 신하들에게 '후세의 비난은 자신이 받겠다'고 하면서 무리하게 추진한 생모의 추숭작업은 그가 왕위에서 쫓겨나는 순간 모두 원점으로 돌아갔다. 이후 광해군의 생모 추봉은 서자 출신 왕들에게 잘못된 추존의 표본이 되었다.

광해군은 강화로 유배되었다가 다시 제주도로 옮겨져 67세에 숨을 거두었다. 어머니 발치에 묻어달라는 유언에 따라 광해군의 묘는 현재 경기도 남양주시 진건면에 공빈 묘와 서로 마주보고 있다. 제사 지낼 정자각도 갖추지 못한 채 찾는 이들도 거의 없는 쓸쓸한 모자의 무덤이 몰락한 왕의 모습을 보여주는 듯하다.

효종의 부마 동평위 정재륜이 왕실 이야기를 기록한《공사견문록公私見聞錄》에는 광해군의 어머니에 대한 그리움을 엿볼 수 있는 일화가 나온다.

　　선조 임금이 세자를 가리려고 여러 왕자를 시험하였는데, "반찬을 만
드는 것 중에 무엇이 제일인가?" 물었더니 광해가 "소금이옵니다"라고
대답하였다.
　　임금이 그 이유를 묻자, "여러 가지 맛을 조화시키려면 소금이 아니
면 안 됩니다"라고 답하여 그 현명함을 인정받았다. 이에 다시 선조가
"너희에게 부족한 것이 있느냐?"고 묻자, 광해는 "어머니가 일찍 돌아
가신 일이 가장 애통하옵니다"라고 대답하였다.
　　선조는 광해의 효성을 기특하게 여기게 되었고 광해가 세자의 자리
에 오르게 된 것은 이 말 덕분이었다.

　　광해군을 쫓아내고 왕이 된 인조는 정원군(인빈 김씨의 아들)의
맏아들이다. 광해 11년 정원군의 막내아들 능창군이 역모에 가담
한 죄로 사사되자 정원군은 그 슬픔으로 인해 병이 들어 40세에 죽
었다. 그리하여 인조는 아버지와 동생의 원수인 광해군에게 원한
을 품게 됐고, 중종반정 때와 달리 직접 반정에 가담하여 모반을
계획했다.
　　인조 10년(1632) 부친인 정원군의 묘호를 '원종'으로, 어머니는
'인헌왕후'로 추숭함으로써 인조는 자신의 아버지를 대원군도 아
닌 왕으로 추존했다. 또한 원종의 생모인 인빈 김씨에 대해서는 왕
을 낳은 후궁에 대한 전례가 없었으므로 시호를 내리지는 않았고,
봉사인奉祀人을 두어 제사를 잘 모시는 정도였다. 공빈을 추존했던
광해군의 실패한 사례가 있었기 때문에 인조는 이 모든 과정을 조
심스럽게 진행할 수밖에 없었다.

인빈 김씨의 묘인 순강원 인빈 김씨는 추존 왕 원종(인조의 부친 정원군)의 어머니로 영조 31년(1755) 순강원으로 승격되었다. 경기도 남양주시 진접읍에 소재하며 비공개 무덤이다.

　　후궁들이 왕을 낳은 공로로 '궁'이라는 칭호를 받고 묘소가 '원'으로 승격되기 시작한 것은 영조 대부터였다. 인빈의 사당은 영조 31년(1755) 저경궁儲慶宮이라는 궁호를 받고 묘는 순강원順康園으로 승격됐다. 이후 영조의 생모 숙빈 최씨의 예에 따라 인빈 김씨도 왕의 제사를 받게 되었다. 인조의 후손이기도 한 영조는 자신의 어머니를 모시듯 인빈을 극진히 대우했다. 반면 공빈의 묘는 아들의 몰락과 함께 모든 영예를 빼앗겼다. 결과적으로 공빈 김씨와 인빈 김씨의 운명은 왕이 된 아들의 운명에 따라 갈렸다.

　　가부장적 질서가 철저했던 조선사회에서 아들의 성공은 곧 어머니의 성공을 의미한다. 신사임당은 자신의 재주와 능력으로 평가받기보다는 아들 이율곡의 성공과 더불어 높게 평가된 대표적인

인빈 김씨 사당인 저경궁 영조 31년(1755) '저경궁'이라는 궁호를 받고 원종의 잠저인 송현궁에 있다가 1908년 숙빈 최씨의 육상궁이 있는 종로구 궁정동으로 옮겨와 칠궁을 이루고 있다.

인물이다.

　이렇게 볼 때 후궁 간의 암투는 그녀들의 투기가 심해서가 아니라 그녀들의 생존이 걸린 현실 때문이었다. 궁궐 안에서만 평생을 살아야 하는 그녀들의 폐쇄적인 삶은 권력을 갖느냐 갖지 못하느냐에 따라 대우가 달라졌고 그 힘은 바로 아들이 왕이 되느냐 못되느냐에 달린 것이었다. 그녀들의 삶이 얼마나 처절했으리라는 것은 짐작하고도 남는다.

폐주 연산군과 광해군의 공통점

　왕위에서 쫓겨난 연산군과 광해군은 모두 어머니와 일찍 헤어져 어머니의 사랑을 제대로 받지 못한 왕이다. 연산군의 어머니 윤씨는 연산군이 4세일 때 폐비되어 궁에서 쫓겨나 3년 뒤 사약을 받고 죽었고, 광해군의 어머니 공빈 김씨는 산후병을 앓다가 광해군이 3세일 때 목숨을 잃었다. 둘 다 인성이 형성되기 전, 어린 나이에 어머니를 잃었으니 애정결핍으로 인한 정서적 박탈감이 적지 않았을 것이다.

상실된 모성애로 인한 것인지, 둘은 모두 무엇인가에 지나칠 정도로 집착하는 경향을 보인다. 연산군은 양반, 노비, 유부녀를 가리지 않고 전국에서 '흥청興淸'이라는 예쁜 여성들을 궁으로 뽑아올려 여색에 빠진다. 광해군은 왕기가 흐르는 곳이라면 어디든지 궁궐을 지을 정도로 궁궐 건축에 집착을 보였다. 또한 장녹수와 김개시라는 모성을 충족시켜줄 만한 여인들에게 지나치게 의존했다.

어머니를 왕후로 추존하고자 하는 효성이 지나쳤다는 점도 공통적이다. 그 둘은 한을 풀기라도 하듯 신하들의 반대를 무릅쓰면서 어머니를 왕후로 추존하고 묘를 왕릉 수준으로 갖춰놓았다. 하지만 아들의 몰락과 함께 다시 폐위되는 신세가 되어 폐비 윤씨의 회릉은 회묘로, 공빈의 성릉은 성묘로 격하되었다. 특이한 것은 추존 당시 왕릉 수준으로 조성된 무인석과 문인석만은 지금까지 그대로 남아 있다는 사실이다. 그러나 막상 제사를 올리는 정자각이나 주인을 알려주는 비석이 없어 마치 버려진 무덤처럼 쓸쓸하기만 하다. 《춘추》에 어머니는 아들을 통해 귀해진다고 했지만, 반대로 아들이 권력을 잃으니 그 어머니 또한 초라한 모습으로 추락하고 말았다.

명종 8년(1553)	10. 11	탄생. 부父 김희철, 모母 안동 권씨
선조 6년 전후	(미정)	선조의 후궁 귀인이 됨
선조 7년(1574)	1. 15	임해군 출산 이후 공빈이 됨
선조 8년(1575)	6. 6	광해군 출산
선조 10년(1577)	5. 27	산후병으로 25세 사망
광해 2년(1610)	3. 29	공빈을 '자숙단인 공성왕후'로 추존 시호는 '공성', 휘호는 '자숙단인', 혼전은 '봉자전', 능호는 '성릉'이라 정함
	5. 16	아버지 김희철(해령부원군)과 3대를 추증
	6. 6	책보를 올리는 추숭례를 행함
광해 3년(1611)	8. 18	성릉의 역사를 끝내고 왕이 배알함
광해 7년(1615)	6. 13	중국에서 공성왕후 고명을 받아옴
	9. 13	종묘에 부묘(공성왕후 부묘도감의궤)
광해 9년(1617)	9. 17	중국에서 공성왕후 관복(면복)을 받아와 태묘에 고함
인조 1년(1623)	3. 18	인조반정으로 '공빈'으로 강등, 성릉은 '성묘'로 격하 고명과 면복은 불태워짐
인조 8년(1630)	5. 21	성묘 주변의 고갱의 봉분을 다시 만들고 공빈의 석물을 허물라 명함 ※석물은 현재까지 그대로 있다.

명종 10년(1555)		탄생. 수원 김씨. 이름 용녀. 부父 김한우, 모母 전주 이씨 어릴 때 궁에 들어옴
선조 1년(1568)		14세에 선조의 후궁이 됨
선조 6년(1573)		'숙원'이 됨
선조 10년(1577)		의안군 출산 이후 '소용'이 됨
선조 11년(1578)	12. 10	신성군 출산 이후 '귀인'이 됨
선조 13년(1580)	6. 22	정원군 출산
선조 22년(1589)	1.	의창군 출산(총 4남 5녀)
선조 37년(1604)	11. 12	'인빈'이 됨
광해 5년(1613)	10. 29	59세로 사망
인조 10년(1632)	5. 19	인조의 아버지 정원군이 대원군에서 원종으로 추존되면서 왕의 어머니로서 대우
인조 14년(1636)		신도비 건립
영조 31년(1755)	6.	사당을 '저경궁', 원호를 '순강원'이라 하고 시호를 '경혜'라 올림 원종의 잠저인 송현궁을 저경궁으로 사용
융희 2년(1908)	7. 23(양)	저경궁이 육상궁 안으로 옮겨짐

중종 ————— 창빈 안씨

서7남

덕흥 대원군 ————— 하동부대부인 정씨

3남

선조

제14대 선조 (연, 하성군 1552~1608)

의인왕후 박씨(1555~1600) .... 후사 없음

인목왕후 김씨(1584~1632) .... 1남(영창대군) 1녀(정명공주)

공빈 김씨(1553~1577) .... 2남(임해군, 광해군)

인빈 김씨(1555~1613) .... 4남[의안, 신성, 정원(원종), 의창군]
5녀(정신, 정혜, 정숙, 정안, 정휘옹주)

순빈 김씨(미상) .... 1남(순회군)

정빈 민씨(1567~1626) .... 2남(인성, 인흥군)
3녀(정인, 정선, 정근옹주)

정빈 홍씨(1563~1638) .... 1남(경창군) 1녀(정정옹주)

온빈 한씨(1581~1664) .... 3남(흥안, 경평, 영성군) 1녀(정화옹주)

귀인 정씨(미상) .... 후사 없음

숙의 정씨(미상) .... 후사 없음

4

후궁은 왕비가 될 수 없게 하라

경종의 어머니 희빈 장씨

미나리는 사철이요 장다리는 한철일세

철을 잊은 호랑나비 오락가락 노닐더니

제철 가면 어이 놀까 제철 가면 어이 놀까

숙종 당시 장안에서 불리던 노래이다. 여기서 미나리는 인현왕후 민씨를, 장다리는 장희빈을 의미하는데 숙종은 한철밖에 안 되는 장희빈에 빠져 오락가락하지 말고 인현왕후를 다시 찾으라는 메시지가 담겨 있다. 김만중의 소설《사씨남정기》나《인현왕후전》역시 한없이 착하고 어진 조강지처와 독살스런 첩의 이야기를 통해 인현왕후와 장희빈의 경우를 풍자하고 있다. 사실 장희빈과 인현왕후 이야기는 지금까지도 뭇 사람들을 사로잡는 드라마틱한 요소가 강하다. 그러나 역사의 실존 인물임에도 불구하고 시대적 배경이나 정치상황, 그 속에서의 인간적 고뇌 등은 무시된 채 마치 권선

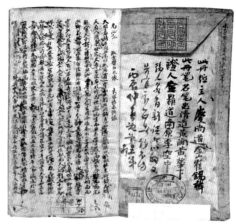

《사씨남정기》 표지와 본문 숙종 연간에 김만중이 지은 한글소설. 김만중은 인현왕후가 폐비되고 장희빈을 왕비로 책봉한 데 항의상소를 올려 남해도로 유배가게 되었다. 그곳에서 숙종의 참회를 위해 이 소설을 지었는데, 이 책은 실제로 인현왕후 복위에 기여했다고 한다. 원래 한글소설인데, 한문으로 번역될 정도로 베스트셀러였고 덕분에 고대소설의 황금기를 열었다.

징악의 설화 속 인물처럼 선과 악이 대비되는 전형적 인물로 묘사되고 있다.

조선시대에서 숙종 시기는 당쟁이 가장 극심했던 기간이다. 또한 왜란과 호란을 겪으면서 신분질서는 흔들렸고, 상업이 발달하면서 상인이나 역관 등의 중인세력이 새롭게 성장하기 시작했다. 그러나 새로운 패러다임이 시작되는 조선 후기의 왕권은 너무 미약했다. 숙종은 왕권강화를 위해 조정의 당파를 완전히 바꿔버리는 '환국換局'의 방식을 택했다. 권력 장악을 노리는 서인과 남인, 그 속에서 서인세력인 인현왕후와 남인세력인 장희빈의 갈등은 당쟁의 대리전이 되었고, 숙종은 이를 이용하여 왕권을 강화시키려 했다. 이처럼 역사 속에는 선과 악의 잣대로만 볼 수 없는 수많은 이권과 갈등, 음모가 숨겨져 있는 것이다.

의도된 궁녀, 후궁의 길

숙종은 14세의 어린 나이에 즉위하였는데, 정비 인경왕후는 숙종 6년(1680) 천연두를 앓다가 20세의 젊은 나이에 사망하고 말았다. 부인을 잃고 적적한 숙종에게 궁녀 장씨가 눈에 띄었다. 장씨는 실록에서조차 "자못 아름다웠다"고 할 정도의 뛰어난 미색으로 숙종의 마음을 사로잡았다.

장씨(1659~1701)의 이름은 옥정. 그녀의 어머니 윤씨는 조사석의 처갓집 여종이었다가 중인 집안 장형의 계실繼室이 되어 장옥정을 낳았다. 아버지 장형(또는 장경, 1623~1669)이 일찍 사망하여 홀어머니와 살던 장옥정은 모계신분을 따르는 종모법에 따라 미천한 신분으로 살 수밖에 없었다. 그런 모녀를 거두어준 사람이 숙부 장현이다.

장옥정이 천한 궁녀 출신이라고만 알려져왔으나 인동 장씨 집안이 조선 대대로 역관譯官의 명가였다는 사실이 밝혀지면서 새로운 평가가 나오고 있다. 장옥정의 조부인 장응인에 대해《통문관지通文館志》에는 "문필에 능하고 중국말을 잘하여 비록 탉오한 중국 사람이라도 감히 함부로 요구하지 못하였다"고 한다. 이후 인동 장씨 집안에서는 20여 명의 역관이 나왔고 그중 역과에 수석으로 합격한 후손이 7명이나 되었다. 당시 역관들은 중국을 오가며 국제무역을 통해 많은 재산을 모을 수 있었다.

중인 신분이지만 중국과 조선 국왕, 대신들과 가까이할 수 있는 역관이라는 점에서 그들은 권력과 무관할 수 없었다. 장현은 효종의 동생 인평대군이 청나라 사신으로 갈 때 모시면서 왕실과 인연을 맺었고, 사무역을 통해 큰돈을 벌었다. 실록에 '국중國中의 거부'라 할 정도로 부자였지만 숙종 6년(1680) 경신환국으로 남인정권이 무너지고 서인이 집권하면서 그는 복선군 역모사건에 휘말려 유배를 가게 되었다. 인평대군의 세 아들 복창군, 복평군, 복선군을 삼복三福이라 불렸는데, 이들 종친들이 남인과 가깝게 지내면서 장현도 남인으로 평가받은 것이다. 서인들이 궁녀 장옥정을 위험시한 것은 그녀가 바로 남인인 장현의 조카였기 때문이다.

사실 장옥정의 입궁에는 정치적 의도가 있었다. 그녀의 어머니 윤씨가 자의대비(인조의 계비 장렬왕후)의 사촌동생 조사석과 내연의 관계였다는 설도 있는데, 서인들이 만들어낸 소문인지는 알 수 없지만 친분관계가 있었던 것은 사실이다. 조사석은 장옥정이 자의대비전의 나인으로 들어가는 데 일정 정도 역할을 했을 것으로 추정된다. 대왕대비전은 왕이 아침저녁으로 문안인사를 드리는 곳이니 숙종의 눈에 띄기에 가장 좋은 자리였던 것이다.

자의대비는 두 차례의 예송논쟁을 거치면서 서인에 대해 좋지 않은 감정을 갖게 되었는데, 숙종의 어머니인 명성왕후 김씨나 숙종의 왕비로 맞이한 인경왕후, 인현왕후는 모두 서인 출신이었다. 자의대비는 자연히 남인 계열의 장옥정을 특별히 아꼈다. 그래서 장씨가 궁에서 쫓겨났을 때 인조의 다섯째 아들 숭선군(이징)의 부인을 시켜 장옥정을 돌봐주도록 하였다.

왕실 종친의 부인이 직접 궁녀를 살펴준 데에는 이유가 있었다. 숙종이 여전히 마음에 두고 있는 장씨가 언젠가는 궁에 다시 들어와 권력을 잡으리라고 본 것이다. 실록에서도 장씨가 다시 궁에 들어왔을 때의 상황을 "자의전은 징의 아내를 믿고 장씨를 치우치게 사랑하여 중전 민씨와는 소원하였다"고 기록함으로써 이를 짐작케 한다.

장옥정이 궁에 들어온 것은 애초부터 운명을 건 모험이었다. 갑부인 숙부의 도움을 받아 돈으로 면천할 수 있다 해도 양반의 신분을 얻을 수 없을 바에는 양반의 첩이 되느니 차라리 후궁의 길을 선택한 것이다. 이러한 장옥정의 선택은 주효했다. 궁녀에서 후궁의 지위에 오르더니, 왕의 아들까지 낳은 왕비가 되었으니 말이다. 조선왕조사에서 미천한 여종의 딸이자 궁녀 출신이 당대에 왕비로 책봉을 받은 예는 유일무이하다. 또한 장희빈의 출세와 더불어 남인 정권도 집권하게 되었으니, 남인의 미인계는 성공한 셈이다. 그러나 영예의 기간은 5년밖에 되지 않았다.

인현왕후의 모함

숙종의 어머니 명성왕후 김씨는 인평대군의 세 아들(복창군, 복선군, 복평군)이 남인들과 어울려 왕위를 위협한다고 생각했다. 그래서 숙종 원년에 친정아버지 김우명으로 하여금 복창군과 복평군이 궁녀들과 불륜관계를 가진 사실을 고발하게 하였다. '홍수(紅袖, 궁녀)의 변'이라 칭하는 이 사건은 물증이 없는 무고로 밝혀져 도리어 김우명이 처벌을 받게 되었다. 이에 명성왕후는 금기를 깨고 정청政廳에 나타나 통곡을 하는 소동을 벌임으로써 복창군과 복평군을 귀양가게 하였다. 이러한 일련의 사건들은 서인이 남인을 누르고 세력을 잡는 '경신환국'의 계기가 되었다.

남인 축출을 위해 직접적으로 정치에 개입한 서인 출신의 명성왕후에게 남인 사람인 궁녀 장옥정이 왕의 총애를 받는다는 사실은 좌시할 수 없는 일이었다. 결국 명성왕후는 장씨의 흠결을 지적하여 궁에서 쫓아냈다. 그러나 1683년 명성왕후 사망 후 장씨는 다시 궁에 들어오게 되는데, 특이한 것은 그 과정에서 결정적인 역할을 한 사람이 인현왕후라는 사실이다. 당시 중전이었던 인현왕후는 "왕의 사랑을 받는 궁인이 민가에 나가 있는 것은 옳지 않다"며 장씨를 불러들이도록 왕에게 간청하였다.

신유년(1681) 민씨가 중전에 오르자 그 일을 듣고 조용히 명성왕후에게 아뢰기를 "임금의 은총을 입은 궁인이 오랫동안 민간에 머물러 있는 것은 사체事體가 지극히 미안하니 다시 불러들이는 것이 마땅할 듯합니다" 하였다. 명성왕후가 말하기를 "내전(內殿, 중전)이 그 사람을 아직 보지 못하였기 때문이오. 그 사람이 매우 간사하고 악독하고, 주상이 평일에도 희로喜怒의 감정이 느닷없이 일어나시는데 만약 꾐을 받게 되면 국가에 화가 됨은 말로 다할 수 없을 것이니, 내전은 후일에도 마땅히 나의 말을 생각해야 할 것이오" 하였다.

《숙종실록》12년 12월 10일

인현왕후는 서인 가문 민유중의 딸로서 숙종의 첫 번째 왕비인 인경왕후가 죽고 난 다음에 중전으로 간택되었다. 갓 중전으로 들어온 인현왕후는 장씨에게 자비를 베풂으로써 중전의 입지를 세우고자 했는지 모른다. 그러나 그러한 기대는 완전히 어긋나고 만다. 장씨가 궁에 들어오자마자 숙종의 총애는 장씨에게로 쏠렸고, 그에 따라 장씨의 교만은 도를 넘었다. 실록에 따르면, 숙종이 희롱하려 하자 장씨는 일부러 중전에게 뛰어가 "제발 나를 살려주십시오"라고 하며 중전의 눈치를 살폈다. 중전이 낯빛을 가다듬고 "왕명을 잘 받들어야 할 네가 어찌 감히 이와 같은 태도를 보이는가?"

라고 조용히 타일렀다. 이후 장씨의 불손한 태도는 날로 심해져, 중전의 부름에도 응하지 않을 정도였다. 어느 날 중전이 명하여 종아리를 때리게 하자 원한과 독을 품고 오라비 장희재 등과 중전을 쫓아낼 계략을 모의하기 시작했다.

당시 유교사회가 원하는 부인의 덕을 갖춘 인현왕후였으나 장씨의 무례를 두고볼 수만은 없었다. 항간에는 인현왕후가 전혀 투기하지 않은 여인으로 묘사되지만 실제로는 장씨를 다스리기 위해 여러 방책을 강구했음을 확인할 수 있다. 한 예로써 숙종의 애정을 분산시키고자 또 다른 후궁을 들이도록 권유했고, 그 요구를 받아들여 숙종은 김창국의 딸을 후궁으로 맞아들였다. 김창국은 서인의 영수領袖인 김수항의 아들이다. 후궁 김씨는 입궁하자 종1품 벼슬인 귀인의 자리에 올랐으나 숙종의 애정을 이끌어내지 못했다. 반면 장옥정은 얼마 지나지 않아 정식 후궁이 되어 종4품 숙원으로 책봉됐다.

실록에는 민씨가 장희빈을 모함했기 때문에 폐위했다는 기록이 있는데, 여기에 나타난 인현왕후는 더 이상 후덕한 국모의 모습이 아니다.

아! 예로부터 후비后妃가 투기로 인하여 원망하고 분노하는 경우가 진실로 혹 있었으나, 지금의 일은 그런 것이 아니다. 투기하는 것 외에도 별도로 간특한 계획을 꾸미며, 스스로 선왕先王·선후先后의 하교를 지어내어 공공연히 나에게 큰소리로 떠들기를 '숙원(장옥정)은 전생에 짐승의 몸이었는데, 주상께서 쏘아 죽이셨으므로 묵은 원한을 갚고자 하여 이 세상에 태어났습니다. 그래서 경신년(숙종6년) 역옥逆獄 후에 불령不逞한 무리와 서로 결탁하였던 것이며, 화禍는 장차 헤아리지 못할

감고당感古堂　인현왕후가 궁에서 쫓겨나 머물던 곳으로, 영조는 인현왕후를 생각하며 직접 이름을 지어
어필 편액을 내렸다. 명성황후도 왕비가 되기 전에 이곳에서 살았다.

것입니다. 또 팔자에 본디 아들이 없으니 주상이 노고勞苦하셔도 공이
없을 것이며, 내전에는 자손이 많아 장차 선묘(宣廟, 선조) 때와 다름이
없을 것입니다'라고 하였으니, 이는 삼척동자라도 믿지 아니할 것이다.

《숙종실록》15년 5월 2일

　나중에 장옥정이 아들(경종)을 낳았으니, 장씨 팔자에 아들이 없
을 것이라는 민씨의 말은 거짓이 되었다. 또 선왕들의 하교를 빗대
어 장씨를 모함한 것은 성종 대의 폐비 윤씨보다 죄가 더한 것이라
며 숙종은 민씨를 폐출하였다.
　인현왕후 민씨보다 8세 연상인 장옥정은 그리 만만한 상대가 아
니었다. 조선의 가부장적 이데올로기는 남편의 첩들까지 덕으로

다스리는 것을 부인의 법도로 만들었으니, 국모인 왕비는 오죽했으랴! 태종의 왕비 원경왕후 민씨를 비롯하여 두 번이나 왕후를 배출한 여흥 민씨 가문에서 부인의 덕을 교육받은 인현왕후의 어려움은 더욱 컸을 것이다. 그렇다고 해서 그녀를 전적으로 '성녀聖女' 취급하는 것은 왜곡이다. 비록 인현왕후에게 동정의 여론이 있었던 것은 사실이지만 그 역시 가부장 사회가 포장해놓은 왜곡된 여성상일 뿐이다. 여느 여인들처럼 인현왕후도 질투심을 가졌다는 사실이 오히려 그녀를 더 인간적이게 한다.

서인들의 공격 – 안티 장희빈 정국

1680년 경신환국으로 서인들이 집권하게 되었으나 숙종 곁의 장옥정이라는 존재를 경계하지 않을 수 없었다. 서인의 입장에서 기록된 《숙종실록》을 보면 자연의 징조를 근거로 삼아 장씨를 부정적으로 기술한 내용이 나온다. "장차 왕비의 자리를 빼앗아 왕후가 되는 파란을 일으켰으니, 하늘의 징조가 좋지 않았다"고 하며 당시 혜성의 출몰이나 수해로 인한 피해 등 불길한 자연현상들은 숙종이 장씨를 너무 가까이 두었기 때문이라는 것이다. 숙종 12년(1686) 부교리 이징명은 숙종에게 자연의 재이災異를 두려워할 것과 수성修省에 힘쓸 것을 권유하는 상소를 올리는데, 이때 외간의 말을 빌려 재입궁한 장옥정에 대한 우려를 노골적으로 표현한다.

외간에 전해진 말을 들으니, 궁인으로서 은총을 받고 있는 자가 많은데 그중의 한 사람이 역관 장현의 가까운 친족이라고 합니다. 만일 외간의 말이 거짓이라면 다행이겠지만 만약 그와 같은 일이 있다면, 신은 종묘사직의 존망이 여기에 매여 있지 않으리라고 장담하지 못하겠습니다. (중략) 더구나 장현의 부자父子는 일찍이 복창군과 복선군에게 빌붙은 자가 아닙니까? 그의 마음가짐이나 하는 일들이 국인國人에게 의심을 받아온 지가 오랩니다. 이제 만약 그들의 친척을 가까이하여 좌우에 둔다면 앞으로의 걱정은 이루 말할 수 없게 될 것입니다. 예로부터 국가의 화란이 다 여총(女寵, 임금의 첩)으로 말미암고, 여총의 화근은 대개 이러한 사람에게서 나왔습니다. 전하의 명성明聖으로 어찌 알지 못할 바가 있겠습니까마는, 신은 바라건대 성상께서 장녀張女를 내쫓아 맑고 밝은 정치에 누를 끼치지 말게 하소서.

《숙종실록》 12년 7월 6일

유독 장옥정에 대한 신하들의 견제가 심했다는 것은 그만큼 당쟁과 관련 있음을 의미한다. 감히 왕의 사생활까지 간섭하는 데에 분노하여 숙종이 이징명을 처벌하려 하자 신하들의 상소가 잇따랐다. 숙종은 "너희의 방자함이 이와 같기 때문에 북인(北人, 청나라 사람)이 군주는 약하고 신하가 강하다는 말을 한다"고 하며, 서인의 항소를 비웃기라도 하듯 장옥정을 숙원으로 책봉하고 노비 100구를 하사하였다. 서인과의 전면전을 선포한 것이었다.

서인정권이 쫓겨나고 남인정권이 들어서는 기사환국은 이미 그 이전부터 조짐을 보이고 있었다. 장씨 주변의 인물들에세 벼슬을 내린 것을 두고 서인이 극렬하게 반발을 하던 중 결정적으로 장씨가 아들을 잉태하면서 숙종과 서인은 한바탕 기싸움을 벌이게 된다. 그리고 숙종 14년(1688) 10월 27일, 숙종 나이 30이 다 되어서 그토록 바라던 왕자가 탄생했다. 이제 서인에게 장씨는 더이상 가만 둘 수 없는 위협적인 존재가 되었다.

갈등의 서막은 산후조리를 돕기 위해 장씨의 어머니인 윤씨가 궁궐에 들어오는 과정에서 발생했다. 사대부 부인이 이용하는 옥교(屋轎, 지붕이 있는 가마)를 천한 신분의 윤씨가 타고 들어왔다 하여 사헌부 금리들이 가마를 빼앗아 불태워버린 후 그 종들을 벌한 것이다. 숙종은 크게 분노하며 사헌부 금리와 조례(皂隸, 서울 관청에 근무하며 경비 등 잡역에 종사하는 하급군관)를 내수사로 보내 장살(杖殺, 매를 쳐서 죽이는 형벌)하도록 명하였다.

장옥정의 어머니에 대한 모욕은 곧 서인의 불쾌감이 반영된 사건이었으며, 숙종도 이 사건의 배후에 서인세력이 있음을 알고 있었다. 하나밖에 없는 아들까지 위협하는 서인을 그냥 둘 수 없다고 판단한 숙종은 왕자를 서둘러 원자로 삼기로 했다. 숙종 15년(1689) 1월, 대신들을 불러 낳은 지 3개월도 안 된 왕자를 원자로 삼겠다고 하였다. 이조판서 남용익을 비롯한 대신들은 "중궁의 춘추가 한창이시니 갑자기 이런 일을 의논하는 것은 너무 성급하다"는 의견을 내놓았다. 하지만 숙종은 물러서지 않고 곧바로 왕자를 원자로 삼아 종묘사직에 고묘告廟하도록 하였다.

고묘 15일 후 서인의 영수 송시열은 원자 정호가 너무 성급한 조치였다며 재심을 주장하였다. 효종의 스승이자 주자학의 대가로서 서인을 이끌었던 송시열은 제자 윤증과 입장을 달리하며 소론과 노론으로 분열되었을 때 노론을 이끈 인물이다. 숙종은 이미 정해진 일에 대해 왈가왈부하는 것은 있을 수 없다며 83세 노구의 송시열을 귀양 조치하였다. 숙종은 이후 서인을 내쫓고 남인을 등용하는 기사환국을 단행한다. 제주도로 유배 갔던 송시열은 국문鞫問을 받으러 서울로 올라오던 도중 정읍에서 사약을 받았다.

이렇게 장옥정을 앞세웠던 남인의 계략은 성공하여 중앙권력을 장악하게 되었다. 그러나 장옥정의 야심은 여기서 그치지 않았다. 철저한 신분제도를 토대로 기득권을 유지해온 양반사회를 비웃기라도 하듯 희빈 장씨는 '왕의 사랑'을 등에 업고 마침내 왕비가 되었다. 궁에 들어온 지 10여 년 만의 일이었다. 실록의 사관은 "기사환국으로 나라가 위태롭게 되고 끝내 중전까지 물리치는 변고가 생긴 것은 장씨로 인해 임금의 눈이 어두워졌기 때문"이라며 한탄하고 있다.

> 우리 성상의 영명英明하고 강의剛毅한 자질로서도 오히려 이같이 전에 없던 비상한 큰일을 저질렀으니, 심하도다. 여자를 총애함이 마음을 고혹蠱惑시키고 덕을 해침이여, 아! 어찌 크게 두려워하지 않겠는가?
> 《숙종실록》 12년 12월 10일

사관의 말대로 숙종은 과연 사랑에 눈이 멀어 후궁을 왕비로 삼은 것일까? 아니면 정치적 의도였을까?

장희빈 덕분에 권력을 잡은 남인세력도 정권교체가 목적이었을 뿐이므로 처음에는 민씨의 폐비를 반대했다. 따라서 후궁 장씨가 왕비의 자리에 앉게 된 것은 그녀의 노력과 숙종 개인의 의지가 크게 작용한 것으로 봐야 할 것이다. 숙종의 행장行狀에는 그의 성품이 "희로喜怒가 급격하다"고 하여 감정 기복이 심한 다혈질이었음을 알 수 있다. 남인과 서인의 대립을 환국정책으로 조절한 것이나, 인현왕후와 희빈 장씨에 대한 극단적인 처우 등은 숙종의 그러한 면모를 보여주는 실례이다.

왕비가 된 장희빈

숙종은 후궁 장씨를 정1품 희빈으로 승격시키고 장씨의 본가 3대 代를 증직贈職시켰다. 일찍이 죽은 장씨의 아버지 장형에게 영의정, 조부 장응인에게는 우의정, 증조부 장수에게는 좌의정을 내렸다. "중궁도 아닌 후궁의 3대까지 증직한 예는 일찍이 없던 일"이라고 사관이 지적할 만큼 예외적이었던 이 조처는 사실 숙종이 희빈을 왕비로 만들기 위한 배수진이었다. 즉 숙종은 '미천한 집안'이라는 반대 의견을 사전에 잠재우기 위해 그녀의 집안을 모두 증직시켰 던 것이다.

인현왕후 민씨를 폐위시키면서 바로 희빈 장씨를 왕비로 삼겠다 는 전지를 내리며 말하기를,

> "희빈 장씨는 좋은 집에 태어나서 머리를 땋아 올릴 때부터 궁중에
> 들어와서 인효 공검人孝恭儉하여 덕이 후궁에 드러나 일국의 모의母儀
> 가 될 만하니, 함께 종묘를 받들고 영구히 하늘의 상서로움을 받을 것
> 이다. 이에 올려서 왕비를 삼노니, 예관으로 하여금 일체 예절에 따라
> 즉각 거행하게 하라" 하였다.
>
> 《숙종실록》15년 5월 6일

왕비가 된 장옥정은 이제 천하를 손에 넣게 되었다. 아들 윤 또한 3세에 일찌감치 세자로 책봉되었으니 아들이 왕위를 이으면 자신 은 대비가 되어 무소불위의 권력을 휘두를 수 있었다. 그러나 그 희망은 5년 후 갑술환국甲戌還國으로 물거품이 되고 만다.

장경신도비 장희빈을 왕비로 책봉하기 위해 아버지 장경을 숙종 15년(1689)에 영의정으로 추증한 뒤 신도비를 세웠다. 고양시 일산동 소개울 마을 소재. 실록에는 장형張炯으로 되어 있으나 신도비에는 장경張炯으로 되어 있다. 장희빈은 사사되었으나 장경의 신도비는 그대로 남아 있다. 뒤로 보이는 무덤이 장경의 묘다.

인현왕후의 복위와 장희빈의 몰락

인현왕후의 환궁은 아이러니하게도 숙종에게 새로운 여인이 등장하면서 이루어졌다. 장씨가 내전을 장악하고 있을 무렵 숙종은 밤늦게 촛불을 켜놓고 떡을 빚는 한 나인의 모습을 보았다. 최씨 성을 가진 그녀는 자신이 모시던 인현왕후의 생일을 기려 기도를 하고 있었던 것이다. 당시 숙종은 인현왕후를 폐위시킨 일을 뉘우치고 있었고, 옛 주인을 생각하는 최씨의 마음을 가상히 여겨 마침내 그녀를 후궁으로 맞이하였다. 이로써 왕비가 된 장씨에게 생각지도 않은 새로운 라이벌이 등장하였다.

중전의 지위를 만끽하던 장씨가 간과한 사실은, 궁 안에는 수많은 제2의 장옥정이 잠재한다는 것이었다. 자신의 경우와 같이 다른 궁녀들도 왕의 후궁이 될 수 있음을 뒤늦게 깨달은 장씨는 질투심에 최씨에게 가혹한 짓을 하기도 했다. 더욱이 최씨가 아들을 낳자 자신의 위세는 위축됐고 불안과 질투는 날로 심해졌다.

사실상 장씨는 국모로서 갖추어야 할 품위와 리더십에 대한 준비가 부족했다. 인현왕후처럼 양반 사대부가의 딸들이 배우는 부인의 교양과 덕목을 접할 기회가 없었기 때문이다. 또 왕비는 정식 간택의 과정에서 미리 왕실 예법을 배우는 데 비해, 갑자기 후궁에서 왕비로 출세한 장씨는 500명이 넘는 왕실 내명부를 책임질 만한 준비가 되어 있지 않았던 것이다. 왕비가 되기 위한 야심은 컸지만 그 자리를 보전할 능력이 없다는 건 그녀의 가장 큰 약점이었다.

숙종의 사랑이 숙빈 최씨에게 쏠리자 서인들은 이를 기화로 재집권을 시도했다. 숙종이 민씨를 폐위시킨 것을 후회하고 있다는 정보를 입수한 서인의 김춘택, 한중혁 등은 민씨 복위 운동을 전개하였다. 반대로 남인 측에서는 이것을 계기로 서인세력을 완전히 몰아내고자 민씨 복위의 주동세력을 척결할 것을 숙종에게 간하였다. 하지만 결과는 남인의 계산과 반대되는 쪽으로 나타났다. 남인의 지나친 권력 집중을 우려한 숙종은 1694년 갑자기 남인을 축출하고 서인을 새로 등용하는 갑술환국을 주도한 것이다. 당시 남인의 영수격인 민암과 이의징 등이 사형당하고 많은 남인들이 유배를 떠났다. 이제 남은 일은 장씨의 폐비와 민씨의 복위였다.

숙종 20년(1694) 4월, 민씨 복위는 예조의 제안을 받아들이는 형식으로 진행됐다. 예조에서는 "《예기》 잡기雜記에 제후가 부인을 내칠 때에는 그 나라에 이를 때까지 부인의 예로써 행한다"고 하며 사가에 나가 있는 민씨를 별궁에 모실 것을 요청하였다. 숙종은 사람을 보내 민씨의 안부를 알아보았는데, 외부와 철저히 단절한 채 속죄의 생활을 하고 있으며 마당에는 풀이 무성하게 자라 있어 보는 이의 마음을 아프게 한다는 보고를 받았다. 이에 곧 명을 내려 민씨를 창덕궁 경복당에 들어오게 하되, 들어올 때는 옥교를 타고 총관과 군병이 의장儀仗을 들고 따라가게 함으로써 중전의 예를 갖추었다.

민씨를 궁으로 들이는 과정에서 숙종은 손수 편지를 써 보냈다. 자신의 잘못을 반성하고 있으며 그리움으로 눈물을 흘렸다는 절절한 사연의 러브레터였다. 민씨가 거절하자 거듭 돌아와줄 것을 설득하면서 상궁과 시녀를 보내 의복을 하사했다. 그리고 민씨 부모의 작호를 모두 회복시켜 민씨의 마음을 달래주었다. 장씨에게 내렸던 왕후 책봉의 옥보는 부수고 다시 희빈으로 강등하여 별궁인 취선당으로 거처를 옮기게 하였다. 그녀의 부모에게 내렸던 작호 역시 취소됐다. 그나마 사가로 내쳐지지 않고 궁에 남게 된 것은 그녀가 세자의 친모였기 때문이다.

1694년 4월 인현왕후는 환궁하여 왕비로 복권됐으나 7년 후인 1701년 8월 나이 35세에 병으로 세상을 뜬다. 병석에 누워 앓을 때 민씨는 오라버니 민진후에게 자신에게 병이 생긴 것은 장씨 때문이라고 말했다.

> "궁중의 구법舊法에 의한다면 빈어(후궁)에 속한 시녀들은 감히 내전 근처에 드나들 수가 없는데, 희빈에 속한 것들이 항상 나의 침전에 왕래하였으며, 심지어 창窓에 구멍을 뚫고 안을 엿보는 짓을 하기까지 하였다. 그러나 침전의 시녀들이 감히 꾸짖어 금하지 못하였으니, 너무나 한심한 일이었지만 어찌할 수가 없었다. 지금 나의 병 증세가 지극히 이상한데 사람들이 모두 말하기를 '반드시 빌미[祟]가 있다'고 한다. 궁인 시영時英이란 자에게 의심스러운 자취가 많이 있고 겉으로 드러난 사건도 없지 아니하였으나, 어떤 사람이 이것을 주상께 감히 고하여 알게 하겠는가? 다만 나는 갖은 고초를 받아 지금 병이 난 두 해 사이에 소원은 오직 빨리 죽는 데 있으나, 여전히 다시 더하기도 하고 덜하기도 하여 이처럼 병이 낫지 아니하니, 괴롭다" 하고 이어서 눈물을 줄줄 흘렸다.
>
> 《숙종실록》 27년 9월 23일

중전의 침전에 후궁 시녀들이 들어오는데도 중궁전의 시녀들이 감히 꾸짖지 못했다는 것은 장희빈의 세력이 여전히 컸음을 보여준다. 민씨는 "어떤 사람이 이것을 주상께 감히 고하여 알게 하겠는가?"라고 하여 누군가 숙종에게 자신의 억울한 사연을 말해주기를 바랐는데, 숙빈 최씨가 그 역할을 하였다. 실록에 "숙빈 최씨가 평상시에 왕비가 베푼 은혜를 추모하여, 통곡하는 마음을 이기지 못하고 임금에게 몰래 고하였다"는 기록이 있다. 그 길로 숙종이 장희빈의 별궁을 조사했더니, 은밀히 신당을 만들어 민씨를 저주해왔음이 발각되었다. 분노한 숙종은 밤에 비망기備忘記를 내려 제주도에 유배되어 있는 장희재에게 사형을 내리며 장희빈의 죄를 열거했다.

"대행왕비(大行王妃, 민씨)가 병에 걸린 2년 동안에 희빈 장씨는 한 번도 병문안하지 아니하였을 뿐 아니라 '중궁전'이라고 하지도 않고 반드시 '민씨'라고 일컬었으며, 또 말하기를 '민씨는 실로 요사스러운 사람이다'라고 하였다. 이뿐만이 아니다. 취선당就善堂의 서쪽에다 몰래 신당을 설치하고 매양 2, 3인의 비복婢僕들과 더불어 사람들을 물리치고 기도하되, 지극히 빈틈없이 일을 꾸몄다. 이것을 참을 수 있다면 무엇인들 참지 못하겠는가? 제주에 유배시킨 죄인 장희재를 먼저 처형하여 빨리 나라의 형벌을 바로잡도록 하라"고 하였다.

《숙종실록》 27년 9월 23일

자신의 자리를 빼앗겼다고 생각한 장희빈은 성종 대의 폐비 윤씨가 그랬던 것처럼 신당을 차려 굿을 하거나 저주의 주술로 인현왕후를 제거하려 했다. 나중에 이 사실을 알게 된 숙종은 잠을 이루지 못하고 '밤낮으로 이를 갈았다'고 할 정도로 분노했다. "내진이 병으로 누워 있을 때 매양 말하기를 '이 병이 괴이하다' 하며 날로 몸이 점점 여위었는데, 내가 일찍이 그 몸이 사그라져 살이라곤 한 점도 없이 지극히 참담한 모습을 보았으니, 이것은 천하 만고에 없던 일"이라며 숙종은 저주사건에 참여한 무녀와 시녀들을 직접 국문했다. 민씨를 저주하기 위해 사용한 흉물들은 궁궐 곳곳에서 발견됐다. 숙종의 분노는 극에 달해 더 이상 희빈 장씨를 살려둘 수 없는 지경에 이르렀다. 신하들 중 특히 소론들은 세자의 장래를 생각해서 생모인 장씨를 용서하자고 했지만 숙종은 장씨의 자결을 명했다. 소론은 과거 연산군의 경우처럼 생모가 사사되었을 때의 파란을 우려했으나 숙종은 생모를 죽이는 것이 오히려 세자를 위한 길이라 반박하였다.

숙종은 희빈 장씨를 사랑할 때와 증오할 때 《춘추》를 명분으로 내세우며 극단적인 모습을 보였다. 장씨를 중전에 앉힐 때는 '아들로 인해 어미가 귀해진다'는 논리를 앞세우더니, 나중에는 '첩을 정실로 삼지 말라'는 것이 《춘추》의 대의라고 하였다. 결국 장희빈은

희빈 장씨의 묘인 대빈묘　장희빈 사사 후 숙종 28년(1702)에 양주 인장리에 장사지냈다가 숙종 45년 (1719)에 광주 진해촌으로 천장되었고, 1969년 다시 서오릉 안으로 옮겨졌다. 숙종과 인현왕후가 나란히 묻혀 있는 명릉의 서쪽 구석에 쓸쓸히 혼자 묻혀 있다.

1701년 인현왕후가 사망한 해에 사약을 마시고 43세의 생애를 마감했다. 이것이 '무고巫蠱의 옥' 사건이다. 이후 숙종은 "이제부터 나라의 법전을 명백하게 정하여 빈어(嬪御, 임금의 첩)가 후비后妃의 자리에 오를 수 없게 하라"고 명을 내려 후궁은 왕비에 오를 수 없도록 법제화했다.

장씨는 숙종 28년 1월 양주 인장리에 묻혔다가 숙종 말년인 44년 그곳이 불길하다 하여 다시 광주 진해촌으로 천장되었다. 그리고 지금은 경기도 고양시 서오릉 경내, 숙종과 인현왕후가 나란히 묻혀 있는 명릉의 서쪽 구석에 쓸쓸히 혼자 묻혀 있다. 그녀의 불운한 결말을 보여주는 듯하다.

왕권 강화를 명분으로 집권 당파를 전부 뒤집어버리는 숙종의 환국정책은 성공했다. 물론 극심한 당쟁을 불러일으켰지만 덕분에 집권 후반기에 숙종은 비교적 안정된 상태에서 왕권을 휘두를 수 있었다. 더 이상 궁녀를 취하는 일조차 간섭당해야 했던 지난날의 미약한 왕이 아니었다.

아들에게도 냉혹한 어머니

희빈 장씨는 죽기 전에 자신의 아들을 성불구자로 만든 여인이다. 이문정이 영조 초년에 지은《수문록隨聞錄》에 그 사연이 자세히 나와 있다.

장희빈이 사약을 받는 날, 세자를 꼭 한 번 보고 나서 사약을 받겠다고 하여 모자의 정리情理를 금하기가 어려워 세자와 만나는 것을 허락하였다. 장희빈은 진실로 눈물을 흘리며 울 겨를도 없을 터에 차마 말할 수 없는 악언을 하더니 방자하게 흉악한 손으로 세자의 하부를 침범하였다. 세자가 땅에 쓰러져 기절해 있다가 반 시각이 지난 후에 회생하였다. 궐내가 모두 놀라 어쩔 줄을 몰랐다. 세자는 이때부터 기이한 병을 앓아 용모는 점점 파리하고 누렇게 되고 정신은 때때로 혼미하고 어지러워했다.

장희빈이 사약을 받는 자리에서 세자의 국부를 잡아당겨 결국 불구로 만들었다는 내용이다. 어머니로서 어떻게 그런 짓을 할 수 있었을까. 이것이 서인에 의해 조작되거나 과장된 이야기라 해도 장희빈 성격의 한 단면을 분명히 보여주고 있다. '평생을 바쳐 이루어놓은 꿈이 송두리째 무너지는 마당에 자식이 무슨 소용인가! 결국 누구 좋으라고 존재하는 아들이란 말인가!' 그녀는 이렇게 생각했을 것이다. 그녀에게 중요한 것은 아들의 행복이 아니라 자신의 행복이었다. 결국 아들이 그 대가를 고스란히 받아야 했지만 말이다. 인현왕후의 오라비 민진원(閔鎭遠, 1664~1736)이 지은《단암만록丹巖漫錄》(이희환 옮김)에는 세자 시절 경종의 병증이 묘사되어 있다.

숙종 43년(1717) 가을 왕세자에게 대리청정을 명하였다. 세자는 점차 병이 빌미가 되어 때때로 벽을 향하고 앉아서 조그마한 소리로 중얼거려 다른 사람과 대화하는 것처럼 하였다. 혹은 한밤중에 계단과 뜰 사이를 방황하거나 앉아 있었고, 먹고 자는 행동이 매우 이상함을 깨닫지 못하였으며, 정신도 안정되지 못하였고 지각도 불분명하였다. 또 하체의 기운이 마비되고 약해서 남녀의 일을 알지 못하므로 춘추 30에도 여

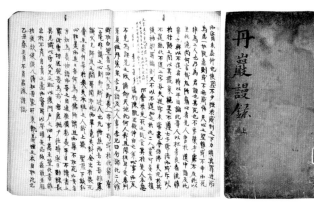

《단암만록》 조선 후기의 문신이자 인현왕후의 오빠인 민진원이 숙종, 경종, 영조 시기에 일어난 주요 정치사를 기록한 책.

색을 가까이 할 수 없었고 비록 궁녀들과 애들처럼 장난을 하긴 했지만 여색을 가까이할 뜻이 없었다.

14세의 예민한 나이에 어머니의 죽음을 지켜본 세자는 정신적으로 큰 충격을 받았을 것이다. 그런데도 숙종은 세자를 꾸짖을 때면 장씨의 이름을 들먹이며 "누구의 자식인데 어찌 그렇지 않겠는가" 하였다.

장씨의 사사 이후 숙종은 세자 윤보다는 다른 왕자들에게 마음을 두고 있었다. 처음 왕자를 얻었을 때는 송시열 등을 죽이면서까지 원자 책봉을 강행하였으나 이후 숙빈 최씨의 소생인 연잉군과 명빈 박씨의 소생인 연령군이 태어나사 너 이상 세자에게 집착하지 않았다. 더욱이 세자의 건강이 좋지 않아 숙종 43년(1717) 노론 영수 이이명과의 독대를 통해 세자 교체를 의논하였다. 그러나 소론의 반대와 갑작스런 숙종의 죽음으로 뜻을 이루지는 못했다.

경종의 심신이 약화된 결정적인 이유는 어머니인 장씨의 죽음이

대빈궁─희빈 장씨의 사당 경종 2년(1722) 희빈 장씨를 옥산 부대빈玉府山大嬪이라 추존하여 사당 대빈묘를 경행방(지금의 낙원동)에 지었다. 대빈묘는 나중에 대빈궁으로 승격되었고, 1908년 육상궁으로 옮겨져 칠궁의 하나가 되었다.

었지만, 시작은 그 이전 인현왕후가 복위한 다음부터라고 볼 수 있다. 희빈 장씨는 세자가 환궁한 인현왕후에게도 어머니의 예우로 문안인사를 하자 아들에게 심한 매질을 하는 등 분풀이를 하였다. 민씨가 죽기 전 민진후에게 말한 내용을 보면 세자가 인현왕후와 장씨의 거처를 왕래하며 많은 갈등을 겪었음을 알 수 있다.

"세자는 천성이 지극히 효성스러워 조석으로 내 곁을 떠나지 않으며 사모하고 공경함이 사친(私親. 생모)에게 하는 것보다 낫다. 그가 그의 사친에게 가서 뵐 때에도 반드시 나에게 고하여 혼자서 마음대로 하지 않았으며, 내가 병든 뒤 혹 더욱 위중한 날에는 나한테 감히 '가서 뵙겠습니다'는 말을 하지 못했다. 내가 그 연유를 알고 나서 반드시 가 뵈라

고 시킨 후에야 비로소 가 뵈었다. 듣건대 그의 사친이 그의 귀에다 대
고 비밀리 말했다고 하는데, 그것이 무엇인지 알지는 못하나 세자가 갑
자기 묵묵히 대답하지 않았으며 그 때문에 구타당하게 되어 눈물을 흘
리면서 돌아왔다고 하니 더욱 사랑스럽고 가엾다"고 하였다.

《단암만록》

경종의 재임기는 겨우 4년이었다. 경종은 어머니 희빈 장씨를 추
존하고 싶었지만 즉위 초 조정에는 연잉군(영조)을 지지하던 노론
이 우세하여 희빈 장씨의 추존이 쉽지 않았다. "3년 동안 아버지의
뜻을 고치지 않는 것이 효"라고 하며 "아들로서 어머니에 대한 정
은 이해하지만 그 추모의 예가 지나치면 예에 어긋난다"는 신하들
의 주장에 경종은 뜻을 꺾고 기다렸다. 그러다가 경종을 지지하는
소론이 집권하자, 경종 2년(1722) 9월에 부제학 이명언의 상소를
받아들여 선조조 덕흥대원군을 추숭한 예로 대大자를 더하고 별도
로 사묘私廟를 경행방(지금의 낙원동)에 세우도록 했다. 희빈 장씨를
추존하여 옥산 부대빈玉山府大嬪이라 하고 대빈의 사당에 경종이 친
히 가서 제향하였다.

과거 연산군이나 광해군은 신하들의 반대를 무릅쓰고 어머니를
왕후로 추존했지만 경종은 현실 가능한 선에서 신하들과 타협했
다. 제헌왕후로 추존되었던 폐비 윤씨나 공성왕후로 추존된 공빈
김씨의 경우 다음 정권에서 철저히 응징된 예가 있었기 때문이다.
인빈 김씨나 창빈 안씨처럼 손자가 왕위에 올랐어도 후궁의 칭호
를 바꾸지 않은 채 사묘 제사에 머물렀던 것처럼 경종 역시 무리수
를 두지 않고 어머니의 사묘 제향을 선택했다. 그 결과 영조 대부
터 왕의 생모인 후궁에게 따로 사당을 세워 '궁호'를 붙여주었는

데, 덕분에 장희빈의 대빈묘도 대빈궁이 될 수 있었다. 언제 대빈궁으로 바뀌었는지는 정확히 알 수 없으나 정조 8년 기록에 대빈궁으로 언급되는 것으로 보아 그 이전으로 추정해볼 수 있다. 대빈궁은 현재 청와대 옆 궁정동에 있는 칠궁 중의 하나이다.

장희빈의 복수

염문이 많았던 성종과 숙종 그리고 사약을 받은 폐비 윤씨와 장희빈은 상황이 유사하지만, 사실은 결정적인 차이점이 있다. 그것은 복수의 대상과 주체가 근본적으로 다르다는 점이다.

폐비 윤씨는 자신에게 사약을 내린 성종을 원망하기보다는 다른 두 후궁 엄씨와 정씨를 저주했다. 반면 장희빈은 그 책임을 숙종에게 물었다. 그리고 죽기 직전 자신의 아들을 성불구자로 만든 것은 숙종과 왕실에 대한 복수이자 부계 중심의 가부장 사회에 대한 복수이기도 하다.

또한 폐비 윤씨의 경우 자신을 왕이 가는 길목에 묻어달라 하여 결과적으로 아들에게 복수를 의존한 반면 장희빈은 훨씬 독립적이다. 자신의 억울한 죽음에 대한 복수와 원망도 스스로 해결하고 가겠다는 듯이 아들에게 자신의 명예회복을 기대하지 않았다. 아들을 불구로 만드는 순간 모자관계도 끝이 난 것이나 다름없었다. 자신이 억울하게 죽는 마당에 아들이 왕통을 잇게 놔둘 수 없다는 뜻이다.

그녀의 이러한 발칙한 행동은 인륜을 저버린 비인간적인 모습으로 비친다. 하지만 원인 제공자인 숙종은 아무런 죄도 성립되지 않는 사회, 여성만 희생을 강요받는 사회에서 장씨의 발악은 저항에 가깝다. 누가 그녀에게 돌을 던질 것인가! 여종의 딸로 태어나 스스로 싸워 쟁취하지 않으면 아무것도 가질 수 없었던 여성의 처절한 삶에 대한 또 다른 시각이 필요하다고 본다.

현종 즉위년(1659)		탄생. 인동 장씨. 부父 장형(또는 장경) 모母 윤씨
숙종 6년(1680)	10.	인경왕후 사망. 궁녀 장옥정과 만남 숙종의 어머니 명성왕후가 장씨를 내쫓음 경신환국으로 서인 집권
숙종 7년(1681)	5. 2	인현왕후 민씨 왕비 책봉
숙종 9년(1683)	12. 5	명성왕후 사망
숙종 12년(1686)	12. 10	장씨 재입궁하여 '숙원'으로 책봉
숙종 14년(1688)		'소의'로 봉함
	10. 27	왕자 윤(昀, 경종)을 낳음
숙종 15년(1689)	1. 11	윤을 원자로 정함
	1. 15	원자를 종묘사직에 고하고 장씨를 '희빈'으로 승격
	2. 2	장씨의 3대 추증/ 기사환국으로 남인 집권
	5. 2	인현왕후 민씨 폐위
	5. 13	장씨를 '왕비'로 책봉하고 종묘사직에 고함
숙종 16년(1690)	6. 16	원자 윤, 세자 책봉(3세)
	10. 22	왕비 장씨의 정식 책봉례 거행
숙종 20년(1694)	4. 1	갑술환국으로 서인 집권
	4. 12	민씨의 복위와 장씨의 폐위
숙종 27년(1701)	8. 14	인현왕후 민씨 사망(35세)
	9. 25	무고의 옥 발생
	10. 7	숙종은 후궁이 왕비에 오르지 못하도록 명함
	10. 10	장씨 사사(43세)
숙종 28년(1702)	1. 30	양주 인장리에 장사 지냄
숙종 45년(1719)	3. 12	광주 진해촌으로 천장
경종 2년(1722)	10. 15	장씨를 추존하여 '옥산부대빈'으로, 사당은 '대빈묘'라 하여 교동의 경행방에 세움
융희 2년(1908)	7. 23(양)	대빈궁이 육상궁 안으로 옮겨짐
1969년		장씨의 무덤을 경기도 광주에서 서오릉 안으로 이장

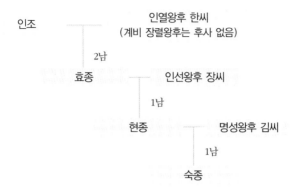

인조 ┬ 인열왕후 한씨
      │ (계비 장렬왕후는 후사 없음)
      │ 2남
      효종 ┬ 인선왕후 장씨
            │ 1남
            현종 ┬ 명성왕후 김씨
                  │ 1남
                  숙종

제19대 숙종 (순, 1661~1720)

인경왕후 김씨(1661~1680) .... 2녀(일찍 죽음)

인현왕후 민씨(1667~1701) .... 후사 없음

인원왕후 김씨(1687~1757) .... 후사 없음

희빈 장씨(1659~1701) .... 2남(경종, 성수)

숙빈 최씨(1670~1718) .... 3남(영수, 영조, 3남은 일찍 죽음)

명빈 박씨(? ~1703) .... 1남(연령군)

영빈 김씨(1669~1735) .... 후사 없음

귀인 김씨(미상) .... 후사 없음

소의 유씨(미상) .... 후사 없음

이씨(미상) .... 후사 없음

박씨(미상) .... 후사 없음

왕의 남자, 이야기 속으로

5

왕을 낳은 무수리?

영조의 어머니 숙빈 최씨

숙빈 최씨는 숙종의 후궁이면서도 장희빈과 인현왕후에 가려 크게 주목받지 못했다. 미천한 무수리 출신이라는 소문만 무성할 뿐 그녀에 관한 기록 또한 별로 없다. 그러나 인현왕후와 장희빈이 세상을 떠난 왕실에서 숙종의 총애를 받은 사람은 숙빈 최씨와 그의 아들 연잉군(영조)이었다. 비록 신분은 낮았지만 죽을 때까지 왕의 사랑을 받았고, 또한 조선의 최장수 임금 영조를 낳은 어머니로서 숙빈 최씨는 행운을 누린 여인이었다.

운명적인 만남

　인현왕후가 폐비된 이후 하루도 빠짐없이 매일 민비를 위해 기도하던 최씨는 그날따라 특별한 음식을 준비했다. 다음 날이 바로 인현왕후의 탄생일이었기 때문이다. 정성스럽게 만든 떡과 음식을 차려놓고 인현왕후의 건강과 빠른 복위를 위해 천지신명께 기도를 올렸다. 궁궐 안에서 최씨의 이러한 행위는 매우 위험한 것이었다. 장희빈이 왕비에 오른 상태에서 폐비된 중전을 기린다는 것 자체가 목숨을 내놓지 않으면 할 수 없는 일이었다. 그래서 그녀는 한밤중 남몰래 기도를 드렸다.

그런데 갑자기 문이 열렸다. 들어온 사람은 다름 아닌 주상 전하였다. 최씨는 방바닥에 납작 엎드려 죽을 일만 기다리고 있었다.

"무얼 하고 있는 것이냐?"

뜻밖의 부드러운 목소리였다. 최씨는 어차피 들킨 일, 죽음을 각오하고 솔직하게 아뢰었다.

"소녀는 중전(인현왕후)의 시녀로서 특별히 총애를 받았습니다. 내일이 바로 중전의 탄생일인데, 중전께서는 서궁에 폐해 있으면서 죄인으로 자처하셔서 수라를 들지 않으시고 조석으로 드시는 것이 다만 추려(麤糲, 거친 음식)뿐입니다. 내일이 탄생일인데 누가 생일 음식을 올리겠습니까. 소녀가 슬픔을 이기지 못하여 중전께서 좋아하시던 음식을 차려놓았는데, 만에 하나라도 올려드릴 길이 없어 소녀 방에다 차려놓고 정성을 드리고 있었습니다."

숙종이 기억을 되살려보니, 과연 내일이 인현왕후의 생일이었다. 민씨가 쫓겨난 지 4년. 서인을 몰아내기 위해 인현왕후도 내쫓긴 했지만 이제 와서 생각해보면 중전에게 너무 지나친 듯싶었다. 숙종은 인현왕후가 그리워졌다. 또 잊지 않고 옛 주인을 섬기고 있는 최씨의 정성이 가상해 보였다. 그로부터 최씨를 가까이 총애하여 태기가 있게 되었다.

《수문록》

이문정李聞政의 《수문록》에 의하면 숙종과 최씨의 첫 만남은 이렇게 인현왕후를 계기로 이루어졌다. 야사에 따르면 숙종이 최씨에게 동침을 요구했으나, 최씨가 "옛 주인을 밖에 내보내놓고 어찌 감히 임금을 모시겠습니까?" 하고 거절했다고 한다. 그래서 숙종은 인현왕후를 복위시키겠다는 약속을 하고서야 최씨와 동침할 수 있었다고 한다. 감히 임금의 은혜를 거절할 수 있는 궁녀가 있을까마는 숙종은 오히려 최씨의 당당하면서도 충성스런 태도를 높이 산 듯하다.

　최씨의 신분은 무수리로 알려져 왔는데, 무수리는 궁녀에게 세숫물을 날라다주는 궁녀 아래의 신분이다. 원래 몽골어로 '소녀'라는 뜻인데, 고려시대 몽골의 여인들이 고려 왕실에 시집와서 살 때 여종을 부르던 말이 정착된 것이다. 이들은 주로 전각 밖에 있는 우물에서 물을 퍼 나르는 일을 하여 '수사水賜'라고도 불렸는데, 힘들고 고된 일이라서 힘 세고 일만 잘하면 결혼 여부나 신분과 나이를 가리지 않았다. 그래서 무수리는 대체로 가난한 유부녀였고, 궁궐 밖에서 출퇴근했다. 반면 어릴 때부터 궁에 들어와 궁녀의 시중을 들어온 무수리는 궁녀의 하녀인 비자婢子나 다름이 없었는데, 최씨가

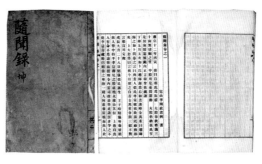

《수문록》　조선 후기 문신인 이문정이 경종 1년(1721) 연잉군을 왕세제로 책봉하는 과정에서 노론과 소론의 당쟁이 격화된 일과 임인옥사 등을 기록한 책이다. 숙종, 경종, 영조 시기에 일어난 비사들이 많이 기록되어 있다.

궁에서 숙식을 한 것을 보면 바로 이 경우가 아닐까 추정할 수 있다.

그러나 숙빈 최씨가 무수리라는 기록은 정사에 없다. 실제 무수리였다 하더라도 임금의 어머니를 미천한 무수리로 기록할 수는 없었을 것이다. 이에 대해 김용숙 교수는 숙빈이 침방針房의 나인이었다고 주장한다. 이것은 고종의 후궁 광화당 이씨와 삼축당 김씨가 고종에게 직접 들은 증언이라고 한다. 이를 입증하는 일화가 있다.

> 어느 날 영조가 어머니께 "침방에 계실 때 무슨 일이 제일 어렵더이까?" 하니, "중누비, 오목누비, 납작누비 다 어렵지만 세누비가 가장 하기 힘들더이다" 하고 최씨가 답했다. 그 이후부터 영조는 평생 동안 누비옷을 입지 않았다고 한다.
>
> 《조선조 궁중풍속연구》 김용숙

영조 1년에 세워진 숙빈 최씨의 신도비에는 숙종 2년(1676) 7세에 선발되어 궁에 들어온 것으로 되어 있으니, 궁녀설에도 타당성이 있다. 그런데 영조가 굳이 어머니의 출신에 대해 변명을 하지 않으면 안 될 정도로 무수리설이 많았던 이유는 무엇일까? 근원을 알 수 없는 숙빈 최씨의 무수리설은 지금도 강력히 통용되고 있다. 궁녀 출신이 사실이라면 무수리설은 영조를 폄하하고자 하는 세력에 의해 조작된 소문일 수 있다. 심지어 숙빈이 낳은 영조가 숙종의 아들이 아니라는 설까지 돌았으니 말이다. 이는 갑술환국 당시 서인을 도와준 최씨에 대한 남인세력의 음해였는지도 모른다.

어쨌든 영조가 즉위 초부터 반대파로부터 출신에 대한 공격을 받아온 것을 보면 생모의 신분이 미천했던 것은 사실로 보인다. 실제로도 왕을 생산한 후궁들 중 숙빈 최씨의 신분이 가장 낮다. 선조와 인조가 서자 출신이긴 해도 그들은 2대를 거친 후궁의 손자이다. 즉 할머니는 후궁이라도 어머니는 모두 사대부 출신이었다. 궁녀 출신 희빈 장씨의 경우 왕비에까지 올랐고 남인세력의 지지를 받았지만 숙빈 최씨는 밀어주는 집안이나 붕당세력도 전혀 없는 그야말로 혈혈단신이었다. 왕을 낳은 후궁 중에서도 가장 미천한 출신인 셈이다. 그런 그녀가 숙종의 승은을 받았다는 사실 자체가 궁궐 안에서는 충격적인 사건이었다.

당쟁에 뛰어든 제3의 실력자

장희빈이 왕비가 되었지만 숙종의 총애는 점차 최씨에게 향하고 있었다. 최씨가 숙종 19년(1693) 10월에 왕자를 낳고 그 이듬해 9월 또다시 왕자를 낳은 것을 보면 숙종이 얼마나 최씨를 가까이 했는지 알 수 있다. 장씨는 임신 중인 숙원 최씨를 잡아다가 매질을 하는 등 노골적으로 괴롭혔다. 그러던 중 갑자기 나타난 숙종에게 들키는 일이 벌어졌다.

숙종은 베개에 기대어 잠깐 조는 사이에 꿈을 꿨다. 신룡이 나타나 땅속에서 나오려다가 나오지 못하고 가까스로 머리 뿔을 드러내고 울면서 임금에게 고하기를, "전하께서는 속히 저를 살려주십시오" 하는 것이었다.
숙종이 놀라 깨어나 이상한 생각이 들어 장희빈의 침방으로 들어가 두루 살펴보았지만 처음에는 이상한 것이 없었다. 홀연히 담장 밑을 보니 큰 독이 엎어져 있어 "저 독은 어찌하여 거꾸로 있느냐" 하고 물었다.

장씨가 "빈 독은 본래 거꾸로 세워놓습니다" 하고 대답하였다.

임금이 즉시 내시에게 명하여 바로 세우게 하니, 그 속에서 결박당한 여인이 드러났다. 숙종이 크게 놀라서 보니 지난밤 가까이한 나인이라. 피가 흘러 온몸에 가득하고 명이 곧 끊어지려고 하였다. 급히 결박을 풀게 하고 먼저 약물을 입에 흘려넣고 미음을 목구멍에 넣으니 한 식경이 지난 후에야 비로소 생기가 돌았다. 정침正寢에 딸린 방에 두고 아침저녁으로 구호하여 다행히 회생하게 되었고 뱃속의 아이도 괜찮았다.

《수문록》

이로부터 숙종이 장희빈의 악랄함을 알고 배척하는 마음이 생기면서 옛 중전인 인현왕후를 그리워하게 되었다고 한다. 그 후 서인과 남인의 권력다툼은 좀 더 복잡한 양상으로 전개되기 시작했다. 숙종의 사랑을 받게 된 최씨가 서인에게 재기의 단초를 제공한 것이었다.

1694년 4월 갑술환국(옥사)을 통해 갑자기 단행된 남인의 몰락과 서인정권의 수립 이면에는 숙원 최씨의 활약이 있었다. 당시 남인과 서인은 서로를 맞고변하였는데, 남인은 서인의 민씨 복위설을 내세웠고 서인은 남인의 최숙원 독살 음모설을 제기했다. 남인이 권력을 쥐고 국청鞫廳을 하고 있는 상태에서 장희빈이 최숙원을 독살하려 했다는 주장이 거짓이라면 서인으로서는 위험에 처할 상황이었다. 숙종은 한밤중에 숙원 최씨를 찾아가 물었고, 최씨는 장씨가 자신을 죽이려 한 것이 사실이라고 대답했다. 그러자 숙종은 곧바로 "임금을 우롱하고 대신을 함부로 죽이는 정상政狀이 통탄스럽다. 국청에 참여했던 대신들을 모두 삭탈관직 문외출송하고 민암과 금부당상을 외딴 섬에 안치하라"며 남인 축출을 명하였다.

이로써 남인의 거두인 민암을 비롯한 핵심세력들이 쫓겨나고 서인정권이 수립되었다. 실제 장희빈이 독살하려 했는지는 의문이지만 숙원 최씨의 증언이 환국의 결정적 역할을 한 것은 사실이다. 그녀의 증언이 없었다면 서인의 반전은 일어나지 않았다.

인현왕후가 복위되고 7년 후인 1701년, 민씨가 병으로 사망하였을 때 장희빈의 음해를 숙종에게 직접 고해바친 사람도 다름 아닌 최씨였다. 인현왕후를 위해 중요한 시기 때마다 결정적 역할을 한 그녀와 인현왕후의 관계가 궁금해진다.

인현왕후와 숙빈 최씨의 인연

숙빈 최씨의 어린 시절을 알 수 있는 자료는 1936년 장봉선이 펴낸《정읍군지》로, 지금도 정읍시 태인면 거산리 대각교에 얽힌 숙빈 최씨의 이야기가 전해지고 있다.

이 다리는 전주 감영에서 남도로 내려가는 교통의 요로였다. 숙종 때 둔촌 민유중은 영광군수로 발령을 받고 부임하러 가는 도중 이 다리에서 쉬어가게 되었다. 옆에는 8세 된 인현왕후를 업은 부인도 동행하고 있었는데, 그때 어린 숙빈 최씨의 초라한 모습이 눈에 띄었다. 부모를 일찍 잃고 고아로 떠돌던 최씨는 대각교에서 민씨 가족과 처음 만나게 된 것이다. 옷은 남루하나 용모가 단아하고 총명하게 생긴 소녀였다. 민씨 부부는 안쓰러워 소녀에게 자초지종을 물어보았다. 성은 최씨요, 부모님은 돌아가신 지 오래된 천애고아였다. 민씨 부인은 소녀를 불쌍히 여겨 데리고 가기로 하였다. 몇 년 후 민유중은 내직으로 승진되어

숙빈 최씨 광장 1936년 장봉선이 펴낸 〈정읍군지〉에 숙빈 최씨에 관한 이야기가 소개되면서 정읍시 태인면 대각교가 등장하자 정읍시는 숙빈 최씨를 기념하여 '만남의 광장'을 조성하였다. 과거의 대각교는 없어졌지만 그 자리에 국도 1호선이 생겨 대각교를 대신하고 있다.

서울로 가게 되었을 때에도 최씨를 데리고 갔다. 그리고 1681년 인현왕후가 왕비로 간택되어 궁에 들어갈 때 최씨를 데리고 궁에 들어갔던 것이다.

〈정읍의 전설〉

숙빈에 오른 최씨는 고향 태인 현감에게 명하여 친족을 조사하였으나 한 사람도 찾을 수 없었고, 그 부모의 묘까지도 알 길이 없었다고 한다. 실록에는 아버지 이름이 '최효원'으로 되어 있고 영조 10년(1734) 영의정으로 추증되어 그 신도비가 지금의 서울 은평구 내에 세워져 있다. 그로 인해 숙빈의 출생지가 서울 경방이라는 기록도 있으나 정읍시에서는 숙빈 최씨의 고향임을 홍보하며 지금은 폐교된 대각교 근방에 '숙빈 최씨 광장'을 만들고 기념비를 세워놓았다. 영조 4년 이인좌의 난이 일어났을 때 태인현감 박필현도 동조 반란을 일으켜 태인현이 폐현閉縣될 위기에 처했으나, 어머니 숙빈 최씨의 출생지이기 때문에 영조가 관대히 봐주었다고 전한다.

최씨에 관해서는 정식 기록이 거의 없고 야사나 설화를 통해 조각조각 전해질 뿐이라 사실 여부보다는 그녀를 이해하는 데 의의를 둬야 할 것 같다. 그녀의 어린 시절에 관해서도 또 다른 이야기가 담양 용흥사에 전해지고 있다. 숙빈 최씨의 이름은 '복순'이고 가족들이 전염병으로 모두 죽었는데, 용구산 암자에서 기도하던 그녀의 꿈에 산신령이 나타나 나주목사 일행을 만나게 하였다는 것이다. 나주목사의 부인이며 인현왕후의 친척이었던 민씨 부인이 어린 최씨를 거두어주었고, 인현왕후가 책봉되어 입궁할 때 궁녀로 들어갔다는 이야기다.

입으로 전해져온 이야기들이라 약간의 차이는 있으나 공통적인 것은 숙빈 최씨가 고아였다는 것, 그녀가 민씨 집안의 보살핌을 받게 되었다는 것, 민씨가 왕비로 간택되었을 때 함께 궁에 들어갔다는 사실들이다.

가난한 집안에서 태어나 일찍부터 부모를 여의고 천애고아가 된 최씨가 자신을 거두어준 민씨 집안과 인현왕후에게 충성을 다할 이유는 충분했다. 더욱이 인현왕후를 따라 궁에 들어왔는데 민씨가 억울하게 폐위되어 쫓겨났으니 그를 모시는 사람으로서 정성과 의리를 다할 수밖에 없었을 것이다.

소박한 품성의 그녀는 아들 영조에게 항상 자중할 것을 가르쳤다고 하는데, 최씨의 성품을 보여주는 또 다른 일화가 있다. 하루는 침전에서 숙종이 "너를 왕후의 자리에 앉히겠다"는 농담을 던진 후

잠이 들었다. 숙종이 문득 깨어나 문을 열어보니 최씨가 눈 위에 엎드린 채 기절해 있었다. 숙종이 안아다가 몸을 녹여준 뒤 사유를 물어보자 "왕후로 승격시킨다는 말을 감당할 수가 없어서 그랬습니다"라고 대답했다.

궁궐 안에서 일하는 500~600명의 궁녀 중에서 왕의 승은은커녕 평생 왕의 얼굴 한번 보지 못하고 죽는 궁녀가 부지기수였다. 그렇게 볼 때 숙빈 최씨에게 주어진 행운은 우연일 수도 있겠으나, 겸손하고 착한 마음에 대한 하늘의 보답이었는지도 모른다.

숙빈은 성격이 물처럼 고요하고 차분하여 기쁘거나 노여움을 쉽게 드러내지 않았고 인현왕후와 다음 계비인 인원왕후를 잘 모셨다고 한다. 남의 말 하는 것을 좋아하지 않아 여러 후궁 사이에서도 덕망이 있었다. 또한 숙빈에 오른 뒤에는 군직에 종사하는 동기간을 사직시킬 정도로 삼가고 조심하는 마음이 깊었다.

숙종의 넘치는 사랑

1701년 인현왕후와 장희빈이 떠난 빈자리는 숙빈 최씨와 그녀가 낳은 연잉군(영조)이 대신하였다. 1702년 세 번째 계비로 인원왕후 김씨가 들어오긴 했지만 그녀에게선 후사가 없었다. 최씨는 3형제를 낳았으나 첫째와 셋째 아들은 일찍 죽었고 둘째 아들 연잉군만 남았다. 하나 남은 아들과 함께 살아온 숙빈 최씨의 여생은 비교적 평탄하였고 숙종의 특별한 배려를 받았다. 숙종 20년(1694) 9월 20일 영조가 태어날 때의 일이다.

준례대로 호산청을 설치했는데, 임금이 호산청의 환시宦侍와 의관醫官에게 내구마內廐馬를 상으로 주었다. 우의정 윤지완이 듣고서 차자箚子를 올려 진달進達하기를 "국조 고사를 신이 감히 알 수는 없습니다마는, 효종조부터 근친近親ㆍ의빈儀賓ㆍ장신將臣 외에 일찍이 내구마를 내린 일을 듣지 못했습니다. 그러니 어찌 환시와 의관이 감히 받을 수 있는 것이겠습니까? 요사이 보건대 은전恩典을 조금도 아끼지 않으시는데, 이 일은 너무 과분합니다. 전하께서 경계하시기 바랍니다"라고 하였다.

《숙종실록》 20년 9월 20일

원래 선조 이전까지 후궁들은 궐 밖으로 나가 출산하였다. 선조의 후궁 김씨와 정씨도 친정에 가서 아이를 낳다가 난산 끝에 사망하는 일이 생기자 선조는 후궁들을 위한 호산청을 설치하여 궁 안에서 분만하게 하였다. 출산 후 7일이 지나면 호산청을 철수하는데, 그때 왕은 그동안의 노고를 치하하며 의관 이하 실무자에게 포상으로 술을 내주곤 하였다. 그런데 숙종은 귀한 말을 포상으로 내주라 한 것이다. 이처럼 《숙종실록》에는 신하들이 숙종의 지나친 은전을 지적하는 기록들이 있다.

숙종 29년(1703)에는 연잉군의 관례를 치르게 하였는데, 이전까지 왕세자만이 관례를 치렀을 뿐 왕실에서 대군이나 왕자의 관례는 기록에 없는 일이었다. 세자보다는 한 등급 낮게 하였지만 그래도 "분수에 넘치는 바가 많아 여론이 아주 해괴하게 여겼다"고 실록은 기록하고 있다.

숙종 30년(1704) 연잉군은 나이 11세가 되었을 때 진사 서종제의 딸과 혼인하였다. 그때에도 사치가 법도를 넘어 비용이 만금을 헤아릴 정도였다. 또한 후궁의 아들이나 딸은 혼인을 하면 궁궐 밖으로 나가 살게 되어 있는데, 숙종은 연잉군이 나가 살 집이 아직 없다면서 해조該曹로 하여금 새로 구입하게 했다. 당시 숙빈 최씨가 살고 있던 이현궁은 매우 크고 넓은 집이라 후궁이 쓰기에는 호화로운 편이었다. 숙종 28년 4월 비변사 기록에도 이현궁을 고치는데 말 30필이 3개월 동안 토석을 운반하니 거의 1만 바리〔馱〕가 넘을 정도의 공사비가 들었다고 한다. 이에 참찬관 김진규, 지사 이여 등이 백성을 위해 흉년을 준비해야 할 마당에 후궁 저택 짓는 것이 급한 게 아니라면서 이현궁 수리를 속히 중지하도록 간청하자 숙종도 이에 따랐다는 기록이 있다.

광해군의 잠저였던 이현궁은 숙빈이 거처하면서 숙빈방으로 불렸고, 나중에 연잉군의 거처로 정하여 영조의 잠저가 되었다. 숙종은 숙빈이 살고 있던 이현궁을 환수하였다가 다시 연잉군의 집으로 정하면서 "주위의 넓고 큼이 다른 궁에 비교할 바가 아니어서 연을 타고 지날 때마다 마음이 항상 미안하였다. 이제는 연잉군의 제택第宅으로 정하였으니, 이 집에 동거하여도 불가할 것이 없다" 하였다. 이현궁을 연잉군의 집으로 마련해주면서 숙빈도 함께 살게 했으니, 숙빈 최씨에게는 오히려 잘된 일이었다. 후궁에게 너무 호화스런 궁이라는 신하들의 반발도 잠재우고 숙빈 최씨와 아들이 함께 지낼 수 있도록 했으니 숙빈 최씨를 위한 숙종의 배려가 아닐 수 없었다.

연잉군은 혼인하고 바로 출궁하지 않다가 8년이 지난 숙종 38년(1712)에야 독립하게 된다. 숙종 37년부터 출합(出閣, 왕자가 장성한 뒤에 사궁을 짓고 나가서 삶)하기 좋은 날짜를 잡는데, 숙종은 연잉군의 출합날을 자꾸 뒤로 물리더니 이듬해 2월 12일에야 사제로 내보

숙빈 최씨 소령묘비 영조 20년(1744) 영조는 어머니 숙빈 최씨의 묘를 소령묘로 추봉하고 직접 묘비를 써서 세웠다. 소령묘는 영조 29년에 소령원으로 승격되었다.

냈다. 그만큼 아들 연잉군을 아꼈던 것이다.

숙빈은 아들 부부와 함께 살 수 있었지만 아픈 몸에도 궁에 다시 들어가 숙종을 정성껏 모셨다. 숙빈의 신도비에는 "숙빈이 병신년(숙종 42년)부터 3년 동안 병을 앓았는데, 궁 밖에 나오면 임금께 미안한 마음이 생겨 조금만 차도가 있어도 곧바로 대궐로 가셨으니 임금을 섬기는 정성과 공경이 변함이 없었다"고 기록하고 있다.

숙빈 최씨는 숙종 승하 2년 전인 숙종 44년(1718), 임금의 사랑과 아들의 효도를 받으며 연잉군이 살고 있던 창의궁에서 임종을 맞이하였다. 숙종 말기 연잉군을 세자로 추대하려는 움직임도 있고 노론 소론 간의 갈등도 있었지만 숙빈 최씨는 당쟁에 휘말리지 않으면서 비교적 조용한 말년을 보냈다. 비록 아들이 왕이 되는 모습을 못 보고 49세의 나이에 생을 마쳤지만 그녀는 성공적인 인생을 산 셈이다. 왕비의 지위까지 올라 파란만장한 삶을 살다가 사약으로 생을 마감했던 장희빈과는 대조적인 인생이었다.

30년에 걸친 추숭작업

연잉군은 어머니의 묘소를 직접 찾아다니다가 경기도 계명산 근처의 고령리에 좋은 터를 발견했다. 주인이 땅값을 많이 요구했으나 흥정하지 않고 저축한 돈을 모두 털어 값을 치렀다. 후세의 풍수가들에 의하면 숙빈의 묘터(나중에 소령원으로 승격)는 "금계가 울며 활개를 치니 왕기가 옹장甕匠에 감추어 있는 곳"이라고 한다. 옹장이란 옹기장이가 많이 사는 마을이라 하여 지어진 이름이다.

연잉군은 21대 조선의 왕으로 등극했으며, 조선의 역대 왕들 중에서 최장수 기록을 가지고 있다. 대체로 조선의 왕들이 60을 넘기지 못한 반면 영조는 83세까지 살았고 재임기간이 자그마치 52년이다.

숙종 말년 연잉군을 세자로 바꾸자는 세자 교체설이 떠돌면서 노론과 소론 간 갈등이 또다시 불거졌을 때 정숙하고 신중한 숙빈 최씨는 아들에게 경거망동하지 말고 처신을 조심하도록 가르쳤다. 그러한 어머니의 영향 때문인지 영조는 화려하지 않으면서 소박하고 서민적인 이미지의 군주였다. 더욱이 19세에 궁궐 밖으로 나가 왕세제로 책봉되기 전까지 10여 년간 일반 백성과 살았던 경험은 그에게 큰 자산이 되었다. 영조가 탕평책이나 균역법을 시행하려

숙빈 최씨의 묘 영조는 연잉군 시절인 숙종 44년(1718) 숙빈이 사망하자 지금의 파주시 광탄면 영장리에 장사지냈다. 숙빈묘는 영조 29년(1753)에 소령원으로 승격되었다. 영조는 재임시기 어머니의 묘소와 사당을 자주 찾았다.

한 것도 이런 배경 때문이었다고 볼 수 있다.

영조는 즉위하자마자 어머니를 추존하고 싶었지만 서두르지 않았다. 영조 즉위년(1724) 9월, 즉위한 지 한 달도 안 되었을 무렵 우의정 이광좌는 사친 추봉을 건의하면서 선왕이 내려준 작호에 '大'라는 글자를 첨가하자고 했다. 경종 때 장희빈에게 옥산부대부인이란 작호를 올린 경우와 같은 방식이었다. 하지만 영조는 "부모의 뜻을 어기지 않는 것이 효"라는 공자의 말을 인용하여, "사친의 성품이 소심하고 신중하여 선왕이 내린 작호를 편하게 여길 것이므로 나도 이로써 보답한다"고 생모의 추봉을 거절하였다. 그러면서도 그 다음 해(1725년) 경복궁 북쪽, 지금의 종로구 궁정동에 어머니의 사당을 지었다. 숙빈의 사당이 완성되자 1726년 1월 6일 영조는 직접 행차하여 전배례를 거행하면서 제문을 올렸다. 효심이 가득 담긴 제문에는 "지금은 사계절에 드리는 제사조차 몸소 행하지 못하니 하늘에 계신 어머니의 영혼을 그리며 눈물을 삼키곤 합니다. 아, 이 술잔에 6년 동안 펴지 못했던 마음을 폅니다"라고 적혀 있는데, 그동안 왕세제로 있었기 때문에 후궁 출신인 어머니의 제사를 제대로 모시지 못했던 안타까운 심정이 담겨 있다. 영조가 이광좌의 추봉 의견을 거절했던 것은 영조의 본심이 아니라 단지 때를 기다린 것이었다.

영조 20년(1744), 1월 19일 영조는 《오례의五禮儀》의 잘못된 부분을 바로잡게 하면서 "사서士庶도 3대를 추증하는데, 국군國君의 사친私親을 아버지만 추증해서야 되겠는가?" 하고, 이조에 명하여 인빈 김씨·숙빈 최씨의 3대를 추증하게 하였다. 그러고는 속대전의 법령에 사친의 조상을 추증하는 것을 추가하여 합법화하였다. 부모를 추증할 때마다 신하들의 눈치를 봐야 했던 후궁 소생 임금들의 마음을 헤아렸던 것이다. 6월 25일에는 최씨 사당과 무덤의 호를 높여 묘호廟號는 '육상毓祥', 묘호墓號는 '소령昭寧'이라 하였다.

유난히 궐 밖 행차를 많이 했던 영조는 어머니의 사당인 육상묘에 월 1회 이상 거둥할 정도로 자주 참배했다. 영조 후반기까지 거의 200회가 넘는 행차였다. 여기에는 신분이 낮다 하여 숙빈을 천시하는 뭇사람들을 향한 경고의 메시지가 담겨 있다.

즉위 초 영조의 왕위는 안정된 상태가 아니었다. 당시는 경종을 추종하던 소론이 집권하던 시기였는데, 경종의 갑작스런 죽음에 대해 영조는 독살설을 의심받기도 하였고 영조가 숙종의 친자가 아니라는 설까지 나돌아 출생까지 의심받는 처지였다. 급기야는 영조 4년 소론 강경파 이인좌가 반란을 일으켜 나라 전체가 혼란스런 지경에 이르기도 했다.

붕당 간의 갈등이 나라를 피폐하게 만든다고 판단한 영조는 반란을 수습하면서 적극적으로 탕평책을 시도하였다. 당파를 가리지 않고 골고루 인재를 등용하는 취지의 탕평책은 어느 정도 효과를 발휘하여 왕권을 안정시켰다. 이때가 영조 20년으로, 생모의 추봉을 본격적으로 추진한 것도 이 시기부터였다.

영조 29년(1753)에는 마침내 숙빈 최씨에게 '화경和敬'이라는 시호를 올리고 묘廟는 궁宮으로, 묘墓는 원園으로 승격하여 사친의 지위를 높이는 새로운 궁원제도를 도입하였다. 왕의 생모에 대해 왕비보다는 낮고 일반 후궁보다는 지위가 높은 추숭의 전례를 만든 것이다. 그리하여 육상묘는 '육상궁'으로 소령묘는 '소령원'으로 승격되었다. 후궁의 신주는 종묘에 들어갈 수 없으니 따로 별묘를 지어 모셨는데, 영조 대부터 왕(추존 왕 포함)을 낳은 후궁의 사당에 '궁' 호를 붙일 수 있게 되었다. 선조의 후궁 인빈 김씨의 사당 '저경

육상궁 영조 1년(1725)에 세운 어머니 숙빈 최씨의 사당(종로구 궁정동에 위치). 후궁의 사당에 '궁'호를 처음 붙인 사례로 육상궁은 왕을 낳은 후궁 추봉의 본보기가 되었다. 1908년 이후 다른 후궁들의 사당이 육상궁 안으로 옮겨오면서 지금의 칠궁이 되었다. 육상궁 전각에 연호궁이 합사되면서 바깥쪽 현판은 연호궁이 내걸려 있다.

궁' 역시 영조 31년에 붙여진 궁호이다. 영조는 "오늘 이후로는 한이 되는 것이 없겠다. 내일 마땅히 내가 육상궁에 나아가 고유제告由祭를 지내고 친히 신주神主를 쓰겠으니, 이에 의거하여 거행하라" 하였다. 또한 《숙빈 상시봉원도감淑嬪 上諡封園都監》을 두어 생모의 추봉례를 거행하게 하였다. 같은 해 9월 4일 종묘에 '화경 숙빈'이 라는 시호를 올리고 묘는 '소령원'으로 봉원하였다.

치세한 지 30년이 되어서야 영조는 자신의 어머니 추봉의 한을 씻을 수 있게 되었다. 이는 어머니에 대한 영조의 효심의 정도를 짐작케 하는 일이며, 영조가 더 이상 붕당에 휘둘리지 않는 안정된 왕권을 갖추었음을 의미하는 것이기도 하다. 광해군이 어머니를 왕후로 추숭하는 데 10여 년이 걸렸다면 영조는 30년을 기다렸다.

이는 신중하고 치밀한 영조의 성격을 보여준다.

이제 영조의 태도는 생모 추봉에 대해 강경한 입장으로 돌변하여 조금이라도 이의를 제기하는 이는 사친을 폄하한다는 명목으로 처벌하였다. 그러자 영조 후반기에는 오히려 신료와 유생들로부터 숙빈의 시호를 더 추가하자는 의견이 제기되어, 영조 31년 시호 '휘덕徽德'을 추가하고 영조 48년에 '안순安純'을 더하여 최씨의 시호는 최종적으로 '화경 휘덕 안순 숙빈'이 되었다. 시호가 많아진다는 것은 그만큼 지위가 격상되었음을 의미한다.

영조 50년에는 거창 유생 김중일 등이 소령원을 '능'으로 봉하기를 청하는 상소를 올리기도 했다. 소령원을 '능'으로 만들고 싶었던 영조의 심정을 말해주는 야사도 있지만 영조는 더 이상 과욕을 부리지 않았다. 덕분에 영조가 추숭한 어머니의 지위는 영조 사후에도 그대로 유지될 수 있었고 이후 육상궁은 왕을 낳은 후궁들을 추봉하는 본보기가 되었다.

영조는 어머니의 소령원(경기도 파주시 광탄면 영장리)에서 가까운 서오릉 안으로 자신의 묫자리를 미리 봐두었으나 안타깝게도 소원대로 이루어지지 못하고 오히려 거리가 먼 도성의 동쪽 동구릉(경기도 구리시 인창동) 안에 묻히게 되었다. 영조는 자신의 아들 사도세자를 뒤주에 갇혀 죽게 할 정도로 냉혹한 아버지였지만 어머니에 대해서는 더할 수 없는 효자였다. 영조가 출생에 대한 콤플렉스를 가졌다고 하는데, 이는 영조 스스로 콤플렉스를 느낀 것이라기보다는 철저한 신분사회가 그의 처지를 곤란하게 만든 것으로 보인다. 영조는 자신의 출신성분을 부끄러워하기보다는 오히려 어머니에 대한 효심과 정성으로 극복해나간 편이었다.

현종 11년(1670)	11. 6	탄생. 해주 수양 최씨. 부父 최효원, 모母 남양 홍씨
숙종 2년(1676)		7세에 입궁했다는 설
숙종 7년(1681)		인현왕후 민씨 간택시 숙빈 최씨도 궁에 들어갔다는 설(12세)
숙종 15년(1689)	5. 2	인현왕후 폐위
숙종 18년(1692)		숙종과 숙빈 최씨의 만남(4월 23일 인현왕후 생일 즈음 추정)
숙종 19년(1693)	4. 26	'숙원'으로 봉함
	10. 6	첫 아들 영수를 낳음
숙종 20년(1694)	4. 12	인현왕후 민씨의 환궁과 장씨의 폐위
	6. 2	'숙의'가 됨
	9. 13	둘째아들 금(연잉군)을 낳음
숙종 21년(1695)	6. 8	'귀인'이 됨
숙종 25년(1699)	10. 23	'숙빈' 책봉 / 아들 금이 연잉군으로 책봉
숙종 27년(1701)		인현왕후, 장희빈 사망
숙종 38년(1712)	2. 12	연잉군 출합(궁궐 밖으로 독립)
숙종 44년(1718)	3. 9	49세로 창의궁에서 최씨 사망
영조 원년(1725)	3.	숙빈 최씨 신도비 세움
	12. 23	숙빈 사당 '숙빈묘' 완성
영조 20년(1744)	1. 19	인빈 김씨, 숙빈 최씨 3대 추증
	3. 7	육상묘와 소령묘로 추봉하고 묘비를 영조가 직접 씀
영조 29년(1753)	6. 25	사당은 '육상궁', 묘소는 '소령원'으로 승격. 시호로 '화경' 올림
	6. 28	봉원도감 설치
영조 31년(1755)	12. 4	시호 '휘덕'을 추가
영조 48년(1772)	9. 15	'안순'을 더하여 '화경 휘덕 안순 숙빈'으로 올림

※ 숙종시기 계보는 〈희빈 장씨〉편 참조.

6

아들을 버린 어머니
사도세자의 어머니 영빈 이씨

사도세자의 비극적인 죽음은 너무나 유명하다. 그러나 그 죽음을 부모가 나서서 주도했다는 사실에는 놀라지 않을 수 없다. 세자를 죽이라는 '대처분'을 요청한 사람은 세자의 생모인 영빈 이씨였으며 명령을 내린 사람은 친아버지인 영조였다. 더구나 뒤주형이라는 전대미문의 흉측한 형벌을 제의한 사람은 세자의 장인 홍봉한이었고, 세자빈 혜경궁 홍씨 역시 노론 세력인 친정의 편에서 사도세자의 죽음을 방조하였다고 하니, 사도세자의 죽음은 가족들이 직간접으로 가담한 친족 살인사건이었던 것이다.

　그렇게 사도세자는 자신을 편들어주는 가족 한 사람 없이 고립된 채 한여름 뒤주에 갇혀 쓸쓸히 죽어갔다. 사도세자의 죽음을 애타게 말린 사람은 오직 어린 아들 정조뿐이었다.

　누구보다 세자를 사랑했던 '어머니' 영빈 이씨가 모성애를 버리고 세자를 죽여달라고 한 사실을 어떻게 이해해야 할까. 도승지 이

이장이 영조에게 "전하께서 깊은 궁궐에 있는 한 여자의 말로 인해서 국본國本을 흔들려 하십니까?"라고 했을 만큼 결정적인 영향을 미쳤던 영빈의 고변. 그러나 이 사건은 다른 관점에서 바라볼 필요가 있다. 영조와 영빈 이씨가 세자의 죽음을 선택할 수밖에 없을 만큼 복잡한 정치적 문제는 무엇이었는가 하는 점이다.

당쟁의 이전투구에 휘말린 왕자의 탄생

선조 이후 조선 왕실에서는 유독 정비의 후손이 귀했다. 숙종에겐 왕비가 세 명이나 있었지만 모두 후사가 없었고 경종이나 영조는 후궁 소생이었다. 경종에겐 자식이 없었으며, 영조의 부인 정성왕후 서씨도 아이를 낳지 못했다. 영조가 즉위하기 전인 연잉군 시절에 후궁인 정빈에게서 1남 2녀를 얻었는데, 그 첫아들 효장세자는 세자 책봉까지 받았으나 10세에 단명하고 만다. 이렇게 손이 귀한 왕가에서 단명하는 사례까지 생기자 더 이상 후궁 소생 여부는 왕위 계승에 걸림돌이 되지 않았다.

정빈 이씨는 영조가 즉위하기 전 경종 1년(1721) 28세의 젊은 나이에 사망했기 때문에 기록이 많지 않다. 영조가 세운 비문碑文에 따르면 1701년 입궁했다고 되어 있으며, 영조 1년(1725)에 아들을 낳은 공로로 정빈에 봉해졌다. 부인 서씨(정성왕후)가 아이를 낳지 못하자 정빈 이씨를 후궁으로 들여 1남 2녀를 얻었는데, 맏딸은 일찍 죽어 기록이 없고 밑으로 효장세자와 그 누이동생 화순옹주가 있다.

궁 밖에 나가 살던 연잉군은 그 무렵 차례로 큰 상喪을 치렀다.

1718년 어머니 숙빈 최씨의 죽음에 이어 2년 후인 1720년 6월 아버지 숙종이 승하했고, 1721년 11월 정빈 이씨까지 죽은 것이다. 나중에 정조가 즉위하여 효장세자가 진종으로 추봉되었을 때 왕의 생모에 대한 예에 따라 정빈 이씨의 묘는 '수길원綏吉園', 사당은 '연호궁延祜宮'으로 승격되었는데, 묘와 사당을 각각 숙빈 최씨와 가까운 곳에 두었다는 것이 특징이다.

효장세자가 죽은 지 7년이 지나도록 아들이 없다가 영조의 나이 42세에 아들을 얻었다. 영조의 두 번째 후궁 영빈 이씨가 효종, 현종, 숙종으로 끊어질 뻔한 3종의 혈맥을 이어준 것이었으니 왕실의 최대 경사가 아닐 수 없었다.

영빈 이씨는 이유번의 딸로, 숙종 22년(1696)에 태어나 6세에 궁녀로 들어왔다가 영조의 후궁이 되었다. 이씨는 영조 2년(1726)에 숙의에 봉해졌다가 곧 귀인이 되었고 영조 6년에 영빈에 올랐다. 그때까지 이씨는 다섯 명의 딸을 연달아 낳았는데, 아들을 낳기도 전에 이미 '빈'에 올랐다. 계속 딸만 낳을 때 영조와 신하들이 얼마나 불안해했는지 실록에 나타나 있다.

이때 영빈 이씨가 연달아 네 명의 옹주를 출산했고 또 임신했으므로 남아를 출산하는 경사가 있기를 상하가 기원하였으나, 어제 또 옹주를 출산하였다. 대신들은 임금께서 지나치게 실망할까 염려하여 각기 위로와 면려의 말을 진달하였다.

《영조실록》9년 3월 8일

임금이 실망할 것을 신하들이 염려할 정도였으니 영조가 얼마나 왕자를 기다렸는지 짐작할 만하다. 그로부터 2년 후인 영조 11년 1

수길원 영조의 후궁이자 효장세자의 생모인 정빈 이씨의 묘. 숙빈 최씨의 소령원 옆에 안치되어 있어 원을 관리하는 수복, 수봉관이 겸직했다고 한다. 정빈은 영조가 즉위하기 전 1721년에 사망하였고, 정조가 즉위하여 효장세자가 진종으로 추봉되면서 '수길원'으로 격상되었다.

연호궁 정조 2년 경복궁 서북쪽에 따로 사당을 세웠다가 고종 7년(1870) 육상궁으로 옮겨와 현재까지 같은 전각을 사용하고 있다.

월 21일, 영빈 이씨가 창경궁 집복헌에서 마침내 아들 선愃을 낳았는데, 그가 바로 사도세자이다. 나중에 딸 하나를 더 낳아 영빈 소생은 1남 6녀였지만 딸들이 일찍 죽어 화평, 화협, 화완옹주만이 남았다. 뒤늦게 얻은 아들 선은 그녀에게나 영조에게 하나밖에 없는 귀한 존재였다.

왕통을 이을 후손이 태어나자마자 조정은 시끄러워졌다. 탕평 정책으로 영조 초기에는 노소론 계열이 함께 등용되어 있었는데, 각기 자신들에게 유리한 입장으로 왕자의 양육문제를 거론하기 시작한 것이다.

> 민진원이 말하기를, "옛날 경종께서 처음 태어났을 때 인현왕후께서 취하여 아들로 삼았었는데, 지금도 마땅히 그렇게 해야 합니다."
>
> 《영조실록》11년 1월 21일

노론을 대표하는 민진원이 왕자를 정비인 정성왕후 서씨에게 보내야 한다고 주장한다. 그가 의도한 것은 노론 집안인 서씨에게서 왕자가 양육되는 것이었다. 하지만 그가 예로 든 경종의 경우 인현왕후가 아닌 희빈 장씨의 품에서 자랐다. 경종의 탄생은 오히려 인현왕후를 쫓겨나게 한 원인이 되었고 장씨가 왕비의 자리를 차지하게 만들어준 것이다. 이는 인현왕후의 오빠인 민진원이 더 잘 알고 있었지만 정치적 목적을 위해 사실을 뒤바꾸고 있었다. 그의 요청에 따라 신하들 역시 빨리 왕자의 호를 정해 종묘에 고하기를 청했다. 영조도 반대할 이유가 없었다. 후궁보다는 정비의 아들로 크는 것이 더 낫다고 생각했던 것이다.

이어서 유시를 내리기를 "삼종의 혈맥을 지금 부탁할 데가 있으니 즐겁고 기쁜 마음을 어찌 말하랴? 내전에서 아들로 취하고 원자의 호를 정하는 일을 어찌 조금이라도 늦출 수가 있겠는가? 즉시 이를 거행하여 위로 종묘와 사직에 고하고 아래로 8도에 반사하도록 하라."

《영조실록》11년 1월 21일

이에 소론의 영수인 이광좌가 반발하고 나선다. 원자의 양육문제를 노론이 주도하도록 좌시할 수는 없었다.

봉조하 이광좌가 말하기를 "무릇 원자궁에 종사하는 자들은 궁인과 내관을 물론하고 반드시 근후(謹厚, 신중하고 중후함)한 자를 골라 좌우에 둔다면 자연히 습관과 성격이 잘 이루어지는 효과가 있을 것입니다."

《영조실록》11년 1월 21일

정비의 손에서 자라는 것을 반대할 수는 없지만 그 대신 훈련된 궁녀와 내관의 손에서 자라게 함으로써 조금이라도 원자에게 소론의 입장을 심어줄 수 있으리라 판단한 것이다. 그것이 통했는지는 알 수 없지만 원자는 태어나서 100일 만에 생모와 떨어져 동궁인 저승전에서 따로 양육되었고, 그때 배치된 궁녀들은 예전에 경종을 모시던 대전 궁녀들이었다. 저승전은 1730년까지 경종비 선의왕후 어씨가 기거하던 곳으로, 후사가 없던 어씨는 양자라도 들여 경종의 뒤를 잇게 하려고 했기 때문에 연잉군 영조와는 정적이나 다름없었다. 그런데 소론의 지지를 받던 경종과 선의왕후 쪽 궁녀들이 동궁전 궁녀로 다시 들어왔으니 세자에게 좋은 영향을 끼칠리 없었다는 것이 혜경궁 홍씨의 주장이다.

영조가 왜 경종을 모시던 궁녀들을 동궁에 배치했을까? 혜경궁도 그 부분을 이해할 수 없다고 했는데, 정조의 문집인 《홍재전서》에 기록된 장헌(사도)세자 현륭원 행장에 의하면, "이는 오염을 씻고 불순한 마음을 가진 자들을 안정시켜 화합의 기풍을 조성하려고 했던 것"이었다고 한다. 영조는 동궁을 돌보는 일에까지 당파의 화합과 탕평을 꾀했던 것이다. 그러나 그 결과는 예기치 못한 방향으로 흘렀다.

> 그들은 도리어 그것을 기화로 얼마 안 가서 입방아를 찧고 손뼉을 치면서 저희끼리 수군거리기를 "영빈이 비록 세자를 낳기는 했어도 어디까지나 사친私親이므로 군신관계가 있으니 자주 보게 해서는 안 되고, 또 보더라도 빈어(嬪御, 후궁)가 정전正殿을 배알하는 예로 보게 해야 한다"고 하면서 예절과 의식을 내세워 규제를 가하였다. 그 때문에 영빈은 자주 못 가고 그저 하루에 한 번 혹은 하루 걸러서 또는 며칠 만에 한 번 가기도 하고 혹은 한 달에 한두 번밖에 못 갈 때도 있었다. 그 계획이 저들의 마음먹은 대로 되자 이번에는 또 대조(大朝, 영조)가 자주 임어하시는 것도 꺼려하여 궁중 곳곳에 사람을 심어두고 주상의 동정을 살펴가면서 날마다 근거 없는 말을 퍼뜨려 사림들을 현혹시켰다. 소조(세자)가 그 진상을 주상께 세세히 아뢰자 상께서는 비로소 깨닫고 후회했으나, 그 여관(궁녀)과 시인(시녀)들이 모두 경종을 섬기던 자들이라서 차마 극형에 처하지는 못하였고 또 성상의 마음도 자연 그전과는 달라져갔다.

《홍재전서》 18권

영조는 노론의 지지를 받아 왕세제가 되었고, 경종이 재임 4년 만에 갑자기 승하하자 경종 독살의 의심 속에서 즉위한 왕이었다.

궁녀들이 세자에게 이러한 일을 들먹이며 소론의 입장을 심어주었을 가능성을 배제할 수 없다. 더욱이 영조는 미천한 신분의 후궁 소생이었고 영빈 이씨 역시 궁녀 출신이니 대전 출신 궁녀들이 하찮게 여길 만했다. 같은 궁녀 신분이라도 대전을 모시는 궁녀들의 지위가 더 높았기 때문이다. 혜경궁 홍씨가 쓴 《한중록》에도 "내인들이 선희궁(영빈 이씨)이 미천한 신분이었을 때 일만 생각하여 업신여기며 공손하지 않았고 때로는 헐뜯고 다녔다"고까지 했다. 영조는 원자가 4, 5세 될 때까지 저승전에 가서 함께 잠을 자기도 하며 사랑을 베풀었고 영빈 역시 자주 찾아가 아들을 만났지만 내인들의 경계가 점점 심해져 동궁전에 가는 일이 점차 줄어들었다고 한다.

귀하게 태어난 후계자였기에 태어나자마자 어미의 손을 떠나 동궁전에서 따로 자라야 했던 사도세자는 이미 뿌리 깊은 당쟁의 희생양이 될 운명을 예고하고 있었다. 영빈 이씨는 자신의 출신 때문에 아들을 마음대로 볼 수 없었고, 세자는 어린 시절부터 따뜻한 부모의 사랑을 받을 수 없었다. 이것이 힘없는 후궁 영빈 이씨와 당쟁의 한복판에서 유일한 왕자로 태어난 사도세자의 엇갈린 운명이었다. 세자빈 혜경궁은 《한중록》에서 "경모궁(사도세자를 가

영조의 어진(국립고궁박물관 소장)

리킴)의 체격과 용모가 크고 웅장하였으며 천성이 효성과 우애가 깊고 총명하였다"고 회고하면서 "만약 부모님 곁을 떠나지 않고 자애와 가르침을 받으셨다면 경모궁의 어질고 너그러운 도량과 재능이 성취되었을 것"이라며 안타까워했다.

영조의 딜레마

영조 12년 원자는 2세의 어린 나이에 세자로 책봉되었다. 이때 조현명은 "저하가 효묘(효종)의 모습을 매우 닮았으니, 이야말로 종묘사직의 끝없는 복입니다"라고 축하했다. 세자는 북벌정책을 폈던 효종처럼 풍모가 크고 전쟁놀이를 좋아하며 무인기질이 강했지만 문文에도 뛰어났다. 3세에 《효경》을 외우고 7세에 《동몽선습》을 떼었다고 한다. 영조는 신료들 앞에서 어린 세자의 모습을 자랑하며 글 읽는 모습을 보여주었다. 특히 서민적인 검소함을 지향했던 영조의 마음에 들었던 일화가 전해진다.

> 《천자문》을 배우는데 '치侈' 자를 배우더니 입고 있던 반소매 상의와 자색 비단옷, 진주 장식의 모자를 가리키면서 "이게 바로 사치"라고 말하며 즉시 벗어버렸다.
> 영조께서 "명주와 무명 중에 어느 것이 더 좋으냐"고 물으니 "무명이 더 좋다"고 했고, "어느 옷을 입으려느냐"고 묻자 "무명옷을 입겠다"고 하였다.
>
> 《홍재전서》 18권

　사도세자와 영조의 관계가 처음부터 안 좋았던 것은 아니다. 영조는 어린 세자를 사랑했고 태종이나 세종처럼 세자에게 대리청정을 통해 안정된 왕위를 물려줄 생각이었다.

　세자에게 대리청정을 맡기는 이유는 영조 자신의 딜레마 때문이기도 했다. 노소론의 갈등 속에서 탕평정책을 폈지만 실제로 영조는 노론의 덕을 크게 본 입장이었다. 경종 시기 왕세제로 책봉되고 경종을 대신해 대리청정을 맡기까지의 모든 과정이 노론 4대신(김창집, 이이명, 조태채, 이건명)에 의해 추진되었다. 이에 반발한 소론 강경파의 비판 속에서 정국은 소론으로 넘어갔고, 왕세제 연잉군을 적극적으로 밀었던 노론 4대신을 포함한 60여 명이 역적으로 몰려 처형당하는 '임인옥사(1722)'가 일어났다. 그때 연잉군은 역적의 수괴로 지목받아 목숨까지 위태로운 긴박한 상황이었지만, 경종이 막아주어 겨우 목숨을 부지할 수 있었다.

　경종은 연잉군에 대해 특별한 애정을 가지고 있었다. 병약하고 말수가 적었던 경종은 문득 "아우의 글 읽는 소리가 듣고 싶어 왔다"며 왕세제가 있던 동궁전을 찾곤 했다. 그러나 재위 4년(1724) 8월 갑자기 병이 심각해져 식사를 못할 정도가 되었다. 그때 연잉군이 입맛을 돋게 한다고 게장과 생감을 올리고 의관들의 반대를 무릅쓰며 인삼차를 올렸는데, 곧바로 경종이 사망하는 사태가 벌어졌다. 다시 또 영조는 역모죄로 궁지에 몰렸으나 대비전인 인원왕후의 도움으로 위기를 넘기고 즉위할 수 있었다. 그러나 영조는 즉위 초부터 경종 독살설에 시달려야 했다. 영조 4년에 일어난 '이인좌의 난' 역시 영조를 왕으로 인정할 수 없다는 소론 강경파의 반발이었던 것이다. 영조는 이에 소론 온건파의 손을 들어줌으로써 반란을 진압할 수 있었고, 이후 소론에 대해서도 살육의 보복정치를 하지 않음으로써 탕평책의 기반을 마련했다.

　이러한 과정 때문에 영조 초년에는 노론과 소론이 균형을 이루고 있는 것처럼 보였지만 사실상 그 기반은 불안정했다. 그래서 영조는 세자의 대리청정을 생각해냈다. 그때 영조의 나이 56세. 영조 스스로도 83세까지 장수할 거라 예상치 못했기 때문에 그 시점에 대리청정을 시작하여 자연스럽게 정권을 이양시킬 작정이었다. 또한 이로써 영조는 경종 시기에 추진했던 왕세제 대리청정이 역모가 아니었음을 확인시키고자 했다. 자신의 무혐의를 알리면서 경종 독살설과 노론에 대한 빚을 떨쳐버리고 싶었던 것이다. 과거사에 구애받지 않는 세자는 자유롭게 탕평의 이상 정치를 펼칠 수 있는 유리한 조건이었다.

　영조는 창경궁 홍화문 앞에 나와 직접 백성과 만나 여론을 살필 만큼 민생정치에 힘썼고 이러한 자신의 탕평책과 균역법의 정신을 세자에게 이어주고 싶었다. 재위 25년(1749) 세자에게 대리청정을 맡기면서 영조는 붕당 속에서 자신이 얼마나 힘들었고 세자가 장성하기만을 얼마나 기다렸는지를 고백하고 있다.

　　나는 황고(皇考, 숙종)와 황형(皇兄, 경종)께서 부탁하신 마음 받늘어 신하와 백성의 윗자리에 오른 지 이제 25년이 되었으나, 덕이 없어 상제上帝와 신명神明을 섬길 수 없을까 두려워 깊은 연못가에 선 듯, 엷은 얼음을 밟는 듯 밤낮으로 두려워하여 감히 하루라도 마음 편할 날이 없었다. (중략)
　　다행히 천지와 조종의 신령의 도움으로 동궁을 갖는 기쁨을 누려 그 이후부터 세월이 흐름에 따라 자라기만을 날마다 기대하였다. 지금은 저궁儲宮의 나이가 이미 공자가 학문에 뜻을 둘 나이에 들어 천인天人

의 모습을 엄연히 갖추었다. 예지는 점점 고명해지고 습성은 자연에서 우러나와 어질고 효성스러우며 공손하고 검소한 데다 경사經史의 학문을 닦아 만백성이 받들기를 원하지 않는 사람이 없으니 종묘사직의 한량없는 기쁨이 여기에 있다. 나의 즐거움 또한 어찌 말로 다할 수 있겠는가?

《영조실록》 25년 1월 27일

영조는 이틀 밤을 새워 세자를 위해 쓴 〈정훈政訓〉을 내려주며 탕평의 정신은 중용에 있음을 명심케 했다. 또한 "나는 25년 동안 왕위에 있었고 56세의 수명을 누렸으니 나에게는 과분하다. 네가 나의 뒤를 잘 잇는다면 25년 동안의 허물을 덮을 수 있겠으나, 그러지 못한다면 비록 25년 동안 조금 평안했던 일도 너로 말미암아 그르치게 될 것이다"라고 강조했다.

세자에게 대리청정을 맡긴 후 세자가 잘 할 수 있을지 걱정이 된 영조는 세자의 일처리 과정을 자세히 보고하도록 하였다. 대리청정을 시작한 지 20여 일이 지난 뒤에는 세자에게 다음과 같이 충고하기도 했다.

너는 깊은 궁중에서 태어나 안락하게 자랐으니 어떻게 임금 노릇하기가 어려운 줄을 알겠느냐? 지금 길주에 관한 한 가지 일을 보니 손쉽게 치리해버리는 병통이 없지 않다. 나는 한 가지 정사와 한 가지 명령도 감히 방심하여 함부로 하지 않았고 조제에 고심하여 머리와 수염이 모두 허옇게 되었으며, 25년 동안 서로 살해한 적이 없었으니 너는 이를 금석처럼 지킴이 마땅하다.

임금이 신하를 부릴 때 그들을 모아서 쓰는 것이 옳겠느냐, 분리해서 쓰는 것이 옳겠느냐. 저 여러 신하들은 그들의 선대를 따져보면 모두 혼인으로 맺어진 서로 좋은 사이지만 당론이 한번 나오게 되면 초나라 와 월나라처럼 멀어져 각기 서로 해칠 마음을 품었으니 내가 고집스럽게 조제에 힘쓴 것은 단연코 옳은 것이다. (중략) 400년 조종의 기업과 한 나라의 억만 백성을 너에게 부탁하였으니 너는 모름지기 나의 말을 가슴 깊이 새겨 기대를 저버림이 없도록 하라.

《영조실록》 25년 2월 16일

권력을 잡으면 상대편을 모두 죽여야 끝이 나는 붕당의 폐해를 너무나 잘 알고 있는 영조였다. 숙종 시기 환국정책이 그러했고 경종 대에도 그 피바람은 마찬가지였다. 영조는 그러한 전철을 밟지 않으려고 끊임없이 노력했으나 현실은 영조의 바람처럼 쉽게 해결되지 않았다.

《한중록》에 그려진 선희궁 영빈 이씨

1735년에 태어나 사도세자와 10세의 동갑 나이에 세자빈으로 간택된 혜경궁 홍씨는 순조 15년(1815) 사망하기까지 81년 세월을 살았던 왕실의 산증인이다. 혜경궁은 특히 기억력이 뛰어나 과거의 일들을 날짜까지 잘 기억해냈다고 하는데, 《한중록》은 바로 그러한 기억의 결과물이다. 보기 드문 궁중사의 기록이라고 할 수 있는 《한중록》은 혜경궁이 환갑을 맞은 1795년부터 쓰기 시작하여 10여 년에 걸쳐 총 6권으로 저술되었다. 세자빈 간택 과정과 어린 나이에 궁중에서 겪었던 일들, 사도세자의 대리청정과 죽음, 친정가족들의 이야기 등 당시 궁중의 사적인 일들이 자세히 기록되어 있다. 친정 식구들의 신원 회복을 목적으로 쓴 책이므로 사도세자의 죽음을 왜곡했다는 비판도 있지만 실록 이면의 궁중사를 알 수 있는 중요한 자료임에는 틀림이 없다. 특히 그녀와 동시대를 살았던 사도세자의 어머니 선희궁과 정성·인원왕후, 화순·화협·화완 등 영조의 딸들, 사도세자의 후궁들, 정조의 후궁인 수빈 박씨(가순궁) 등에 관한 이야기가 많이 소개되어 있어 다른 시대의 여인들보다 자세한 면모를 엿볼 수 있다.

영빈 이씨의 시호는 정조 시대에 '선희'로 바뀌었기 때문에 그 이후에 저술된 《한중록》에서는 영빈 이씨를 선희궁으로 표현하고 있다. 사도세자의 빈으로 간택되어 별궁에 입궁했을 때 혜경궁은 선희궁으로부터 특별한 선물을 받았다. 그것은 바로 홍씨의 5대조 할머니인 정명공주가 쓰던 노리개와 할아버지의 유품인 네 폭짜리 병풍이었다. 사가에서 팔려나간 물건들이 궁중으로 들어갔다가 다시 자신에게로 돌아오자 혜경궁은 왕가의 여인이 된 것이 우연이 아니라고 믿게 되었다.

공식적으로 세자빈은 대비전인 인원왕후와 중궁전 정성왕후에게는 5일에 한 번, 선희궁에게는 3일에 한 번 문안을 드렸지만 실제로 선희궁과는 거의 매일 만날 정도로 가까운 사이가 되었다. 법적으로 정성왕후의 며느리였지만 세자의 생모인 선희궁과 더 가까이 있음을 알 수 있다.

천성이 어질고 사랑이 깊으셨고 엄숙하였다. 당신이 낳은 자녀라도 교훈을 엄하게 하여 사랑을 나타냈다. 그래서 자녀들이 대하는 것이 친어머니를 대하는 것 같지 않았다. 아들이 왕세자의 자리에 올랐지만 감히 자모라고 나서지 않아서 궁중에서는 지극히 존대하였다. 아드님께서 더욱 조심스럽고 또한 극진히 대하였다. 선희궁은 나를 늘 동궁과 마찬가지로 대접하셨다. 나는 며느리로 과한 대접을 받을 적마다 불안함이 커졌다.

《한중록》(이선형 옮김)

이들의 관계는 갈등적 고부관계가 아니라 엄마와 딸과 같은 모녀 관계에 가까웠다. 혜경궁이 2남 2녀의 아이를 낳을 때에는 산실 가까이 머물면서 혜경궁의 해산을 도왔고 장남 의소를 잃었을 때에도 슬픔을 함께했다. 그들은 홍씨가 세자빈으로 들어온 1744년부터 선희궁이 숨을 거둔 1764년까지 거의 20년을 함께 지냈다. 그 어느 때보다 파란이 많았던 왕실에서 두 여인은 세자가 뒤주에 갇

경희궁 서울 종로구 신문로 2가에 있는 궁궐. 원래 인조의 생부인 원종이 살던 곳으로 광해군 8년(1616) 건립 당시에는 경덕궁이라 하였으나, 영조 36년(1760)에 경희궁이라고 개칭하였다. 임진왜란 이후 경복궁이 복원되지 못하자, 창덕궁이 법궁이고 경희궁이 이궁의 역할을 하였다. 조선 왕실은 창덕궁과 창경궁인 동궐에 머물다가 병이 생기거나 화재가 나면 경희궁으로 옮겨 생활하였다. 경희궁은 일제시대를 거치면서 완전히 팔려나가 흔적조차 없다가 2001년 흥화문 등이 부분적으로 복원되었다.

혀 죽는 엄청난 사건을 지켜보며 상처를 함께 나누었다.

선희궁이 출신 때문에 동궁전의 궁녀들에게 무시를 당했다고는 하지만 실제로는 영조의 총애를 받는 후궁으로서 내명부 안에서 중요한 역할을 하고 있었다. 중전인 정성왕후에게 아들을 맡기고도 상전으로 잘 모셨으며, 정성왕후 승하 후 한 달 만에 대비인 인원왕후까지 승하했을 때도 내전의 총 책임자로서 양 성모의 3년상을 치렀다. 또한 영빈 이씨는 당시 66세였던 영조의 혼례를 위해 정성을 다해 준비했다. 이때 중전으로 들어온 정순왕후는 당시 15세의 어린 소녀였다. 세자를 낳은 후궁이면서도 중전의 자리를 넘보지 않은 영빈의 겸손한 면모를 알 수 있는 대목이다.

왕실에서 왕비는 내명부의 총 책임자로서 할 일이 많았지만 후궁은 공적인 임무가 별로 없었다. 그러나 세자의 어머니인 경우는 달랐다. 왕의 내조에서부터 자식의 혼사문제와 교육 등 집안의 대소사를 모두 신경 써야 했고, 선희궁은 이를 수행하면서도 영조가 아플 때나 경희궁으로 이어했을 때 항상 가까이에서 수발을 들었다. 이토록 지극하게 모시는 만큼 영조 또한 그녀를 믿고 의지했다. 영조는 어쩌면 그녀에게서 어머니 숙빈 최씨를 느꼈는지도 모른다. 미천한 신분이라는 점뿐 아니라 자신을 희생하며 심사숙고하는 성격까지 숙빈 최씨와 영빈 이씨는 닮아 있었다.

영조는 아들에게는 엄격했지만 딸들에겐 자상하고 부드러운 아버지였다. 정빈이 낳은 화순옹주(1720~1758)가 남편 월성위 김한신의 죽음으로 인해 14일 동안 굶고 있을 때, 영조는 딸의 집까지 친히 찾아가 단식을 말릴 정도였다. 끝내 화순옹주가 남편을 따라 세상을 뜨자 신하들이 정려旌閭를 청했는데, 오히려 영조는 "자식된 도리로 불효하였으니 아비가 자식에게 정려할 수 없다"고 반대했다.

영빈이 낳은 딸 화평, 화협, 화완옹주 중에서 영조는 특히 화평, 화완옹주를 사랑하여 옹주들의 부탁은 거의 거절하지 않고 들어주었고 딸들이 시집간 후에도 수시로 집을 방문했다. 특히 영조와 세자 사이의 다리 역할을 해주었던 화평옹주가 1748년 첫 딸을 낳다가 사망했을 때 영조는 깊은 슬픔에 빠져 장례기간 동안 옹주궁에 가서 살다시피 했다. 화협옹주가 20세에 홍역으로 죽었을 때도 마찬가지였다.

화평옹주의 죽음으로 영조는 화완옹주를 각별히 아끼게 되었다. 그러나 화완옹주는 화평옹주와는 달리 남매지간인 사도세자와 정치적으로 반대의 입장에 서 있었다. 그녀는 임금의 총애를 이용하여 궁에 자주 들어와 궁중의 일을 좌지우지하려 했으며, 그녀의 양아들 정후겸 또한 정순왕후 김씨 일가와 손을 잡고 세자를 제거하기 위한 계략과 음모를 꾸며냈다. 이러한 옹주와 세자 사이에서 어머니 영빈은 마음고생을 할 수밖에 없었다. 보통 자식이 많으면 다복한 경우라 하겠지만 이렇듯 권력쟁탈이 심한 왕실에서는 오히려 화가 될 수 있었다.

영빈이 죽고 나자 화완옹주의 횡포를 막아줄 사람은 아무도 없었다. 사도세자마저 제거한 다음에는 혜경궁과 정조 모자를 괴롭혔으며 정조가 왕위에 오르는 것을 방해했다. 결국 정조가 즉위한 뒤 정후겸은 귀양가서 죽었고 그녀는 옹주의 지위를 박탈당해 '정처鄭妻'로 불리는 신세가 되었다.

사도세자는 왜 죽었는가

사랑하는 아들에게 안전하게 정권을 이양하고자 했던 영조가 세자와 어긋나기 시작한 것은 영조 31년(1755) 즈음부터이다. 6년 정도 대리청정하면서 세자의 국정 운영능력도 자리를 잡아갔고 영조도 일일이 간섭하지 않을 만큼 부자관계는 원만했다. 하지만 갈등의 발단은 역시 당쟁이었다. 탕평정책에도 불구하고 실질적으로 정국의 주도권을 노론이 쥐고 있는 상황에서 소론의 반발이 터진 것이다.

영조 31년(1755) "조정에 간신이 가득해 백성이 도탄에 빠졌다"는 글이 나주 객사에 나붙는 벽서사건이 불거졌다. 범인은 소론 강경파 윤취상의 아들 윤지였다. 영조는 그동안 공들여왔던 자신의 치적에 도전장을 내민 이 사건에 분노했다. 영조 초년에 주리를 틀어 국문하는 압슬형을 폐지하고 사형수를 죽이기 전에 세 번 심사하게 하는 삼심제를 엄격히 시행하게 할 정도로 영조는 죄인의 인권을 배려하는 왕이었으며 그동안 살육정치를 행하지 않았음을 자부해왔다. 그러나 이번 경우에는 책임자를 능지처참에 처했고 그 현장에 세자를 참석하게 했다. 이에 따라 영조는 소론을 포기했고 이후 정국은 노론 외척당의 세상이 된다.

세자는 아버지를 이해할 수 없었다. 이번 기회에 노론은 소론세력을 완전히 제거할 목적으로 사건과 상관도 없는 소론 온건파까지 묶어서 사형하기를 매일 상소하였으나, 세자는 모두 허락하지 않았다. 딱히 세자가 소론의 입장은 아니었지만 노론의 청을 거절하면 자연히 소론이 되어버릴 수밖에 없었다. 노론을 상대로 논쟁과 설득을 반복해야 하는 과정을 겪으며 세자는 노론으로부터 멀어지게 되었다. 결국 영조와 세자는 서로 다른 길을 가게 된 것이다. 신하들은 영조와 세자를 편갈라 '부삿당, 자子당'이라 칭하면서 부자간 대립을 부추겼다.

더욱이 1757년 세자를 감싸주던 영조비 정성왕후마저 죽고 나자, 새로 들어온 계비 정순왕후 김씨를 비롯하여 영조의 후궁 숙의 문씨 등 새로 등장한 왕실의 외척들은 영조 주변에서 세자를 모함하며 영조의 판단을 흐리게 하였다. 세자를 지지해주던 소론 대신들은 이미 사망했거나 정계에서 밀려난 상태였기에 세자는 점차 고립되고 있었다.

영조의 춘추 70이 가까워지자 병조판서 홍계희, 영의정 김상로, 세자의 장인 홍봉한 등의 노론세력들은 본격적으로 세자를 축출하기 위한 계략을 취했다. 영조 38년(1762) 나경언으로 하여금 세자의 개인적인 비행들을 빌미로 역모를 고변하도록 한 것이다. 중인 신분의 나경언이 "변란이 호흡 사이에 있다"는 글을 형조에 올렸고, '역모'라는 말에 화가 난 영조는 직접 국문에 나섰다. 나경언은 옷 속에 몰래 넣어가지고 온 문서를 영조에게 바쳤는데, 그 문서에는 모반을 의미하는 세자의 비행 십여 가지가 적혀 있었다. 문서는 그 자리에 있던 홍봉한과 윤동도만 보고 바로 불태워 없앴기 때문에 전체적인 내용은 알 수 없지만 영조가 세자를 불러 책망하는 과정에서 그 일부가 공개되었다.

"네가 왕손의 어미를 때려죽이고 여승을 궁으로 들였으며, 서로西路에 행역하고 북성北城으로 나가 유람했는데, 이것이 세자로서 행할 일이더냐? 사모를 쓴 자들은 모두 나를 속였으니 나경언이 없었더라면 내가 어찌 알았겠느냐. 처음에 네가 왕손의 어미를 매우 사랑하여 우물에

빠진 듯한 지경이더니, 어찌하여 죽였느냐? 그 사람이 강직하여 네 행
실과 일을 간諫하다가 이로 말미암아서 죽임을 당했을 것이로다. 또 장
래에 여승의 아들을 왕손이라고 일컬어 데리고 들어와 문안할 것이다.
이렇게 하고도 나라가 망하지 않겠느냐?"

　세자가 울면서 대답하기를 "이는 신의 본래 있었던 화증火症입니다"
하자, 임금이 말하기를 "차라리 발광發狂을 하는 것이 낫겠도다" 하고
물러가기를 명하였다. 세자는 밖으로 나와 금천교 위에서 대죄하였다.

《영조실록》 38년 5월 22일

　영조는 자신의 후궁인 박씨(은전군의 생모)를 때려죽이고 영조 몰
래 관서지방으로 나가 유람하고는 여승과 기생을 궁에 들인 세자의
잘못을 지적하고 있다. 또한 이러한 세자의 비행을 보고하지 않은
신하들을 책망했다. 감히 세자를 무고한 죄는 극형에 해당되는 것
이기에 나경언은 사실 여부를 떠나 곧바로 처형됐다.

　공개된 세자의 비행에는 처음 제기된 정치적인 역모와 상관없는
사적인 잘못들만 나열되어 있다. 그것이 바로 사도세자 죽음의 원
인을 복잡하게 하는 요인이기도 하다. 처음에 나경언이 고한 역모
란 무엇이었을까?

　1761년 봄, 대리청정 12년 만에 세자는 3개월 정도 평안도 여행
을 다녀오는데, 이 여행이 결국 사도세자를 죽음에 이르게 한 원인
이 되었다. 사도세자에 관한 기록은 영조 52년 세손 정조의 요청으
로 모두 삭제되어 정확한 진실은 알 수 없고 추측과 가설만 난무할
뿐이다. 우선 《사도세자 지문》에는 홍계희 일당이 세자로 하여금
평안도 지역에 순시를 나가도록 흉계를 꾸미며 역모로 엮은 것이라
는 설이 있다. 또 다른 주장은 정치적으로 고립된 세자가 자구책으

로 군대의 도움을 받고자 평안도에 갔다는 설이다. 그것이 단순한 군대시찰이었는지 지원 요청이었는지는 알 수 없으나 세자는 실제로 평안감사 정휘량을 만났다. 조선의 변방을 지키는 정예군이 있는 곳이었기에 쿠데타를 계획했을 가능성도 배제할 수 없다. 이 사실은 영조로 하여금 더 이상 세자를 가만둘 수 없는 결정적 이유가 되었다. 또한 세자가 실제로 역모한 것이 아니라 하더라도 세자로 인해 다시 살육의 정쟁이 시작되고 있다면 300년 종사를 지켜온 영조의 입장에서는 세자를 희생시킬 수밖에 없었다.

대리청정 13년 동안 세자는 점점 지쳐갔다. 기골이 장대하고 무인 기질을 지녔음에도 정신적 스트레스 때문인지 여러 질병을 앓았다. 사도세자의 경우가 아니라 해도 대리청정 자체는 국왕과 신하들의 눈치를 살펴야 하는 힘든 자리이다. 더구나 당쟁이 심화되면서 신하들과 끈질기게 논쟁을 벌여야 했으니 어린 세자로서는 감당하기 힘들었을 것이다. 순조 때 효명세자가 대리청정한 지 3년 만에 사망한 것도 업무 스트레스 때문이었다. 군약신강君弱臣强의 나라 조선에서 왕권을 확립한다는 것은 이토록 힘든 일이었다. 세자의 심리적 압박감은 점차 화증으로 발전하여 내관이나 궁녀를 때려죽이는 사태로까지 발전했다. 야사에는 김상로 등 노론이 세자의 몸이 허약하다는 소문을 내고 열약을 먹게 했는데, 그 이후 화증이 생겼다고도 한다.

탁월한 자질을 타고나 임금이 매우 사랑하였는데, 10여 세 이후에는 점차 학문에 태만하게 되었고 대리한 후부터 질병이 생겨 천성을 잃었다. 처음에는 대단치 않았기 때문에 신민臣民들이 낫기를 바랐다. 정축년(1757) · 무인년(1758) 이후부터 병의 증세가 더욱 심해져서 병이 발

작할 때에는 궁비宮婢와 환시宦侍를 죽이고, 죽인 후에는 문득 후회하
곤 하였다. 임금이 매양 엄한 하교로 절실하게 책망하니, 세자가 의구
심에서 질병이 더하게 되었다. 임금이 경희궁으로 이어하여 두 궁 사이
가 막히게 되자 환관·기녀와 함께 절도 없이 유희하면서 하루 세 차례
의 문안을 모두 폐하였으니, 임금의 뜻에 맞지 않았으나 이미 다른 후
사가 없었으므로 임금이 매양 종국宗國을 위해 근심하였다.

《영조실록》 38년 윤5월 13일

　화증으로 인한 세자의 이상 행동은 특히 정성왕후, 인원왕후가
승하한 1757년부터 심각해졌다. 자신을 감싸주던 어머니와 할머니
가 사라지자 외로움과 불안이 극대해진 세자는 화가 나면 내관이
나 궁녀를 매질하여 죽이기도 하고 의대증衣帶症까지 생겨 옷 입기
를 꺼려하였다. 《한중록》에 따르면, 1757년 6월 세자가 내관 김한
채를 죽이고 그 머리를 들고 들어와 내인들에게 보여주었다. 혜경
궁이 이를 걱정하여 선희궁에 아뢰었더니 선희궁이 놀라 곡기를
끊고 자리에 누웠다. 그러자 세자는 "누가 그런 말을 했느냐"며 세
자빈 홍씨를 책망했다고 한다.
　세자는 또 왕의 허락도 없이 궁인 임씨를 가까이하여 임신케 했
는데, 영조의 꾸지람이 두려워 낙태시키려 했으나 실패하였다. 그
다음 해인 1755년에도 연달아 임씨에게서 아들이 태어나는데, 그
들이 인(은언군)과 진(은신군) 형제였다. 또 인원왕후 상례를 치를
때는 인원왕후전의 침방 내인 빙애를 가까이 하여 임신케 하였다.
왕실의 규율상 웃전의 궁녀를 함부로 취할 수 없었으나 세자는 대
비전의 궁녀 빙애를 양제(세자의 후궁)로 삼았다. 그로 인해 영조
는 크게 분노하여 세자를 추궁했고, 세자빈 홍씨까지 크게 꾸중을

들었다.

세자가 빙애를 데려올 때에 네가 알았으련마는 내게 말하지 않았구나. 너마저도 나를 속이니 이런 일이 어디 있느냐. 네가 남편의 정에 끌려 지난번 양제 때에도 시기하는 일이 조금도 없고 그 자식을 거두기에, 내 인정으로 너에게 미안하였다. 그런데 감히 웃전 내인을 데려다가 저같이 하였는데도 내게 알리지 않고, 내가 오늘 알고 묻는데도 즉시 대답하지 않으니 너의 행동이 이러할 줄을 내가 몰랐구나.

《한중록》

이로 인해 혜경궁과 사도세자의 관계도 조금씩 벌어지고 있었다. 세자 역시 노론가의 딸인 혜경궁이 편하진 않았을 것이다.

점점 영조 대하기가 어려워지자 세자는 혜경궁 홍씨로 하여금 영조가 경희궁으로 이어하는 것을 화완옹주에게 부탁하도록 하였다. 그 일로 세자는 혜경궁을 심하게 졸랐는데, 그것이 혜경궁에게는 "죽고 사는 것이 호흡 사이에 있었다"고 할 정도로 힘든 일이었다. 화완옹주는 혜경궁에게도 불편한 시누이였던 것이다. 끝내 영조가 이어하게끔 돕지 못했다 하여 세자는 바둑판을 던져 혜경궁의 왼쪽 눈에 상처를 내고 말았다. 상처의 붓기가 심해 혜경궁은 영조가 경희궁으로 이어할 때 하직인사조차 할 수 없었다. 1760년 세자는 화증이 더욱 심해져 선희궁의 내인 한 명을 죽게 하였고, 이제 선희궁도 세자의 심각한 증세를 알게 되었다.

관서행을 다녀온 뒤 세자는 영조에게 역모가 아니었음을 고하며 이해를 구했지만 영조의 마음은 이미 떠나 있었다. 지지세력도 없는 상태에서 세자가 승려와 기생을 궁에 불러들여 잔치를 벌인 것은 어쩌면 자포자기의 행동이었는지도 모른다. 이미 자신의 죽음이 가까워졌음을 감지한 것일까? 세자는 어머니를 모셔놓고 마지막 향연을 베푼다. 그리고 혜경궁 홍씨에게 섭섭한 마음을 전한다.

"자네는 생각을 못하네. 대조(영조)께서 나를 몹시 미워하여 일이 점점 어려운데, 나를 폐하고 세손을 효장세자의 양자로 삼으시면 어쩌겠는가."

실제로 영조는 당시 열 살이 되어 관례를 치른 세손을 총애하고 있었고, 임오화변으로 세자가 죽고 나자 세손 정조는 왕의 후계자가 되었다.

대의를 위해 아들을 버리다

신희궁이 세자의 상태를 알고부터는 혜경궁을 만날 때마다 "어찌하나" 하며 눈물만 흘렸다고 한다. 그래서였을까? 나경언의 고변이 있고 한 달 후 선희궁은 결단을 내렸다. 영조를 찾아가 아들에 대한 '대처분'을 요청한 것이었다.

> 선희궁께서 우시며 대조께 고하셨다.
> "세자의 병이 점점 깊어 바라는 것이 없사오니, 소인이 이 말씀은 어미로서 차마 못할 일이지만 성궁(임금)을 보호하고 세손을 건져 종사를 평안히 하는 일이 옳으니 '대처분'을 내리소서. 부자간 정으로 차마 이리 하시지만 다 세자의 병 때문이니, 병을 어찌 책망하겠습니까? 처분은 하시되 은혜를 베푸셔서 세손 모자를 평안케 하옵소서."
>
> 《한중록》

위기에 처한 아들을 구제하기보다 처단해달라고 요청한 영빈 이씨의 심중은 무엇이었을까. 《한중록》에 따르면 그녀는 병든 아들을 포기하는 대신 왕위를 이을 세손을 선택한 것이라고 되어 있다. 이미 나경언의 고변이 있었던지라 세자가 역모죄에 처해진다면 세손에게도 악영향이 끼칠 것을 걱정했을 것이다. 홍씨는 이 일을 "어머니로서의 정을 버리고 큰 뜻으로 말씀을 아뢰었다"고 평가하고 있다.

사화와 당쟁의 기록이 대체로 남성들의 것이고 공식적으로 드러난 사건을 위주로 다루다 보니 그 이면의 일들, 즉 관련된 가족사적인 부분들은 많이 생략되었다. 특히 피해 당사자이기도 한 여성의 현실은 더욱 알 수가 없었다. 그런데 《한중록》은 숙종 대부터 이어진 당쟁의 여파가 결국 사도세자를 희생양으로 삼으면서 세자와 함께 고충을 겪어야 했던 왕실 가족들의 이야기를 소상히 밝히고 있다. 비록 세자의 가해자이기도 했던 홍씨의 친정을 변호하는 입장이기는 했지만, 동시대를 살았던 사도세자의 어머니 선희궁과 부인 혜경궁의 난처한 처지가 나타나 있다.

여성이 독립적으로 정치적인 입장을 가질 수 없던 시절, 여성은 삼종지도의 틀을 따랐다. 그런데 아버지와 남편, 이들의 방향이 서로 다르다면 어느 쪽을 선택해야 할까? 노소론 갈등 속에서 영조가 노론이고 세자가 소론의 입장일 때 아내와 어머니로서의 선택은 제한적일 수밖에 없다. 그때 등장하는 명분이 바로 '대의'이다. 혜경궁과 선희궁의 입장에서는 사도세자를 희생하여 세손을 보호하는 것이 더 이상의 비극을 막는 방법이라 판단한 것이다. 이들의 노력으로는 이미 정치적으로 고립된 세자의 죽음을 막을 수 없었다.

그렇게 본다면 영빈의 고변이 없었어도 세자는 죽을 운명이었는데, 영빈이 굳이 행동에 나선 이유는 무엇일까. 그것은 세자의 어머니로서 확실한 태도를 직접 보여줌으로써 신료들이나 영조로부터 세손의 안위를 보장받기 위한 것이었다. 또한 충직한 영빈으로서는 평생 당쟁으로 갈등해온 영조의 고통을 알고 있었고 아들 문제로 영조가 짊어져야 할 책임과 고통의 짐을 나눠지고 싶었던 것이다. 영빈이 선택한 대의는 영조의 대의였다. 그것이 남편 영조의 사랑에 대한 보답이라고 생각했는지도 모른다. 영조는 영빈의 고변 덕분에 자신이 혼자 아들을 죽였다는 가책을 덜 수 있었다.

무더위가 한창인 윤5월, 뒤주에 갇힌 세자는 8일 만에 죽었다. 발인할 때 영빈은 아들의 관을 붙잡고 통곡하였다. 비록 명분 때문이었지만 사랑하는 아들을 죽게 한 어머니의 애끓는 심정이 오죽했을까. 영조 또한 마음의 가책을 느끼고, 죽음을 애도하는 뜻으로 '사도思悼'라는 시호를 내려 세자의 지위를 회복시키고 궁 밖으로 쫓겨났던 혜경궁과 세손을 다시 불러들였다. 혜경궁은 '혜빈惠嬪'이라는 호를 받아 세자빈 신분을 회복하고 세손은 왕세자가 됨으로써 선희궁이 간청한 대로 되었다. 아들의 죽음 후 선희궁은 "자식에게 못할 짓을 하였으니, 내 자취에는 풀도 나지 않을 것"이라며 고통스러워하였다. 그것이 마음의 병이 되었는지, 2년 후인 1764년 7월 26일 이씨는 69세를 일기로 세상을 하직하고 만다.

영조는 끝까지 자신의 편이 되어준 영빈을 위해 후궁 제일의 예로 장사 지내고 '의열義烈'이라는 시호를 내렸다. 무덤과 사당은 시호를 따서 의열묘, 의열궁으로 불리었다. 묘는 양주군 연희면(지금의 연세대 안)에 조성하고 사당은 한성 북부 순화방(종로구 신교동)에 지었다. 왕실과 국가를 위해 의로운 결단을 내렸다고 칭송하며 영조는《어제표의록御製表義錄》을 직접 써서 남겼다. 그리고 세손이 할머니 선희궁의 대의를 이해해주길 원했다.

    임오년의 대의大義를 만약 통쾌하게 유시하지 않았더라면 윤리가 그때부터 폐지되었을 것이다. 그의 어머니가 만고에도 없는 지경을 당하고 그의 아버지가 만고에도 없는 의리를 행하였다. 그렇지 않았다면 내게 어찌 오늘날이 있었겠으며, 세손에게 역시 어찌 오늘날이 있었겠는가? 아! 동방이 망하게 되었으니, 비록 은혜를 배풀고 싶더라도 누가 은혜를 배풀겠는가? 그때 존재하느냐 망하느냐가 순간에 달려 있었다. 너의 조모가 없었더라면 어찌 오늘날이 있겠으며 너의 조부가 없었더라면 어떻게 이 일을 분별해낼 수 있었겠는가? 일이 이와 같았기 때문에 너의 아비의 호號를 회복시켜 묘廟를 세워주었고 너의 어미가 혜빈이라는 호를 받은 것이다. 너의 조모가 백세의 의리를 세웠으니, 일거에 종

수경원　영조의 후궁이자 사도세자의 생모인 영빈 이씨의 묘. 영조 40년(1764) 사망 당시 후궁 제일의 예로 장사지냈으며 '의열'이라는 시호를 받아 '의열묘'라고 하다가 대한제국기에 사도세자가 장조로 추존되면서 '수경원'으로 추봉되었다. 연세대 안에 위치했다가 1970년 서오릉 안으로 이장되었는데 정자각은 연세대 안에 그대로 남아 있다.

사가 다시 존재하고 의리가 크게 밝혀졌다고 하겠다. 그렇지 않았다면 조선이 어떻게 조선이 되었겠는가? 아, 너의 조모가 계실 때에는 차마 말할 수 없었으나 지금은 조용히 의리에 따라 처리하였다. 내가 의열義 烈로 표시한 것은 너의 조모를 위한 것이 아니라 종사의 대의를 위한 것 이다.

《영조실록》40년 9월 26일

그러나 아버지의 죽음을 직접 목격한 정조가 할머니의 대의를 이 해하기에는 그 상처와 한이 너무 컸다. 정조 12년(1788)에 정조는 박명원의 상소를 받아들여 궁호를 '선희궁宣禧宮'으로 바꾼다. "의 열이란 두 글자의 뜻을 생각할 때마다 나도 모르게 두렵다"고 했으 니 정조의 입장에서는 아버지 사도세자의 죽음을 떠올리게 하는 불편한 시호였던 것이다.

선희궁은 융희 2년(1908) 육상궁 영역으로 옮겨져 지금은 칠궁 안에 함께 있다. 의열묘는 광무 3년(1899)에 사도세자가 '장조'로 추존되면서 임금의 어머니로서 수경원綏慶園으로 추봉되었고 '소 유昭裕'라는 시호를 추가로 받았다. 연세대 안에 위치한 수경원은 1970년 정자각을 제외하고 봉분과 석물들만 서오릉 안으로 이장되 었다. 후궁 최고의 장례를 치러준 것에 비해 지금은 초라한 모습으 로 남아 있다.

숙종 22년(1696)		탄생. 부父 이유번
숙종 27년(1701)		6세에 궁녀로 입궁
영조 2년(1726)		숙의로 봉했다가 곧 귀인으로 봉함
영조 6년(1730)	11. 27	'영빈'으로 봉함
영조 9년(1733)	3. 7	화협옹주를 낳음 (그 이전에 화평옹주 낳음)
영조 11년(1735)	1. 21	창경궁 집복헌에서 원자(사도세자)를 낳음
영조 14년(1738)		화완옹주를 낳음
영조 20년(1744)	1. 11	왕세자 가례(세자빈은 혜경궁 홍씨)
영조 25년(1749)	1. 27	세자가 대리청정 시작
영조 28년(1752)	9. 22	세손 정조 탄생
영조 33년(1757)	2. 13	영조비 정성왕후 사망
	3. 26	대비 인원왕후 사망
영조 38년(1762)	윤5. 13	세자가 뒤주에 갇혀 죽는 '임오화변' 발생
영조 40년(1764)	7. 26	69세의 나이로 사망. 후궁 제일의 예로 장사 지냄
영조 41년(1765)	7. 11	'의열'이라는 시호를 받아 의열묘, 의열궁으로 청함
정조 12년(1788)	12. 26	시호를 '선희'로 바꿈
광무 3년(1899)	11. 13(양)	묘가 '수경원'으로 추봉되고 '소유'라는 시호를 받음
융희 2년(1908)	7. 23(양)	선희궁이 육상궁 안으로 옮겨짐
1970년	9.	수경원을 서오릉 안으로 이장

숙종 ——————— 숙빈 최씨

서2남

영조

제21대 영조 (금, 연잉군 1694~1776)

정성왕후 서씨(1692~1757) ·········· 후사 없음

정순왕후 김씨(1745~1805) ·········· 후사 없음

정빈 이씨(1694~1721) ·········· 1남(추존왕 진종/효장세자) 1녀(화순옹주)

영빈 이씨(1696~1764) ·········· 1남(추존왕 장조/사도세자)
3녀(화평, 화협, 화완옹주)

귀인 조씨(미상) ·········· 1녀(화유옹주)

폐숙의 문씨(미상) ·········· 2녀(화령, 화길옹주)

7

대비가 된 후궁
순조의 어머니 수빈 박씨

앞서 소개된 후궁들은 자신의 아들이 즉위하는 모습을 지켜보지 못하고 일찍 사망했지만, 수빈 박씨의 경우 아들 순조가 즉위하고 나서도 22년간을 함께 살았다. 아들의 재임기에 왕을 낳은 후궁으로서 어떠한 대우를 받았는지 확인할 수 있는 유일한 사례라 할 수 있겠다.

정식 간택과정을 거쳐 정조의 후궁이 된 양반 가문의 수빈 박씨는 바로 '가순嘉順'이라는 궁호를 받았다. 원래 '궁'이라는 호칭은 대부분 사후 사당에 붙여온 것으로, 영조가 생모 숙빈 최씨에게 '육상궁', 선조의 후궁 인빈 김씨에게 '저경궁'이란 궁호를 하사하면서 왕을 낳은 후궁들의 특별한 호칭이 되었다. 그러다가 정조 시기에 좀 더 일상적으로 사용되어, 정조의 생모 혜빈은 생존 당시에 '혜경궁'으로 봉해졌다.

오늘날 정조는 세종과 함께 조선시대의 대표적인 현군賢君이며

창경궁 문정전 사도세자가 뒤주에 갇혀 죽는 비극적인 사건이 벌어진 장소. 11세의 어린 정조는 아버지의 비참한 죽음을 목격하고 평생 동안 그 상처를 지니고 살았다.

업적을 많이 남긴 왕으로 손꼽히고 있다. 그러나 아버지(사도세자)가 뒤주에 갇혀 죽는 끔찍한 장면을 목격한 그의 어린 시절은 그다지 평탄하지 못했으며, 즉위과정에서도 위협을 받았다. 그러한 정조를 지켜봐주고 위로한 수빈 박씨는 정조에게는 특별한 여인이었다.

비운의 아버지를 둔 정조의 시련

임금이 세자에게 명하여 땅에 엎드려 관冠을 벗게 하고, 맨발로 머리를 땅에 조아리게[叩頭] 하고 이어서 차마 들을 수 없는 전교를 내려 자결할 것을 재촉하니, 조아린 세자의 이마에서 피가 나왔다. 신만과 좌

의정 홍봉한, 판부사 정휘량, 도승지 이이장, 승지 한광조 등이 들어왔
으나 미처 진언하지 못하였다. 임금이 세 명의 대신 및 한광조의 파직
을 명하자 모두 물러갔다. 세손이 들어와 관과 포袍를 벗고 세자의 뒤에
엎드리니, 임금이 안아다가 시강원으로 보내고 김성응 부자父子에게 지
키게 하여 다시는 들어오지 못하게 하라고 명하였다. 임금이 칼을 들고
연달아 차마 들을 수 없는 전교를 내려 동궁의 자결을 재촉하니, 세자
가 자결하고자 하였는데 춘방(春坊, 동궁)의 여러 신하들이 말렸다. 임
금이 이어서 폐하여 서인을 삼는다는 명을 내렸다. (중략)

드디어 세자를 깊이 가두라고 명하였는데, 세손이 황급히 들어왔다.
임금이 빈궁·세손 및 여러 왕손을 좌의정 홍봉한의 집으로 보내라고
명하였는데, 이때 밤이 이미 반이 지났었다.

《영조실록》 38년 윤5월 13일

세손 정조의 첫 번째 시련은 아버지의 죽음이었다. 실록에는 사
도세자에게 형벌을 내리는 그 자리에 세손이었던 정조가 뛰어들어
할아버지께 용서를 구하는 모습이 나온다. 당시 11세였던 정조는
조선시대 최대의 비극적인 사건을 목격했고, 평생 그로 인한 마음
의 상처를 지니고 살았다.

두 번째 시련은 어머니와의 생이별이었다. 세자가 죽고 난 뒤 영
조는 "어찌 30년에 가까운 부자간의 은의恩義를 생각하지 않겠는
가?" 하며 세자의 지위를 다시 복위시키고 혜경궁 홍씨와 세손을
궁으로 불러들였다. 이에 혜경궁은 영조의 은혜에 보답하고 아들
의 안전한 미래를 보장받기 위해 세손을 아예 영조에게 맡기는 선
택을 하였다. 궁에서 재회하는 시아버지와 며느리의 대화기록을
통해 이 사실을 확인할 수 있다.

"저희 모자가 목숨을 보전하는 것은 다 성은이옵니다."

영묘(영조)께서 내 손을 잡고 우시며 말씀하셨다.

"네가 이러할 줄 생각지도 못했구나. 내가 너 보기를 어렵게 생각했
더니 네가 내 마음을 편하게 하는구나. 아름답도다."

영묘의 말씀을 듣고 내 심장이 더욱 막히어 모진 목숨이 원망스러웠
다. 곧 내가 말씀드렸다.

"세손을 경희궁으로 데려가셔서 가르침을 주시면 좋겠습니다."

"네가 세손을 떠나 견딜 수 있겠느냐?"

나는 눈물을 드리우며 아뢰었다.

"세손이 저를 떠나서 마음이 섭섭한 것은 작은 일이지만, 세손이 대
조(영조)를 모시고 배우는 일은 큰 일입니다."

《한중록》

　아무리 세자라 할지라도 역모한 죄인의 가족과 자손은 살아남을
수 없는 시대였다. 혜경궁으로서는 영조에게 세손을 맡기는 것만
이 가장 안전한 처사요 대의라고 판단한 것이다. 결국 세손은 그해
7월 왕세자로 책봉되어 영조가 머무는 경희궁에서 영빈 이씨와 함
께 살았다. 영빈은 사도세자에 대한 죄책감을 보상이라도 하듯 세
손에게 정성을 쏟았다.

　창경궁에 머물고 있는 혜경궁 홍씨와 거의 3년을 떨어져 사는 동
안 세손은 어머니를 간절히 그리워했다. 새벽에 일어나 어머니에
게 편지를 보내면 서연(書筵, 왕세자 공부시간) 전에 어머니의 회답
을 받아야 마음이 놓이곤 했다. 당시 정조는 아버지의 죽음을 비롯
하여 어머니와 떨어져 지내야 하는 힘겨운 상황을 감수하기에는
너무 어린 나이였다. 더구나 아버지를 죽인 할아버지에게 원망은

커녕 오히려 감사해야 하는 모순된 감정을 안고 살면서 성격이 비뚤어지지 않은 것만도 다행이었다. 정조가 온유하면서도 강인한 성품을 지닐 수 있었던 것은 줄곧 아들을 지켜보며 위로해준 혜경궁 덕분이었다.

사도세자 사망 2년 뒤 정조에게 세 번째 시련이 닥쳤다. 영조 40년(1764) 2월 갑자기 영조는 세손을 효장세자의 양자로 삼아 대를 잇게 했던 것이다. 효장세자는 영조의 후궁 정빈 이씨의 소생으로 영조 즉위 후 세자로 책봉됐으나 영조 4년(1728) 10세의 어린 나이에 요절하였다.

지금 나는 너를 효장의 후사로 삼았다. 몇 년이나 끊어졌던 종통宗統이 다시 이어졌으니, 동궁의 칭호를 전처럼 쓰는 것은 마땅치 않다. 의당 근본부터 바로 잡아야 하는 것이다. 아! 막중한 300년 종통에 나는 자식의 자리가 없었고 너에게는 아비의 자리가 없었으니, 이것을 중절中絶이라고 하는 것이다. 이번 일로서 일후에 혹 사설邪說이 일어난다면 이는 한갓 우리 종통을 어지럽힘이 될 뿐 아니라, 나는 지하에 돌아가 열성조를 뵐 낯이 없게 되느니라. (중략) 아! 위호位號를 회복하고 묘우廟宇를 세웠으니 너의 아비에게는 더없이 곡진하다 하겠다. 이 뒤에 만일 다시 이 일을 들추어내는 자가 있다면 이는 아비도 없고 임금도 없는 역신逆臣인 것이며, 너도 혹 그러한 말에 동요되면 이 또한 할아비를 잊고 아비를 잊은 불효가 된다. 나의 이 뜻을 간직한다면 물리칠 수 없을 것이다. 중률重律로 처단해야 한다.

《영조실록》40년 2월 23일

갑작스런 영조의 이러한 결단은 무엇 때문일까? 애도의 뜻을 담아 시호까지 내린 사도세자의 존재를 새삼 무시하고 세손에게 사도세자에 관한 언급조차 못하도록 어명을 내리는 일련의 과정에는 결국 정치적인 배경이 있었다. 사도세자는 정신병 때문이 아니라 소론의 입장에 섰기 때문에 화를 당한 것이다. 그렇다면 그 아들인 세손도 안전할 수 없었다. 영조는 세손에게 끼칠 노론의 위협을 미리 감지하고 세손을 효장세자의 양자로 삼는 길을 선택했다고 볼 수 있다.

반면 혜경궁은 이러한 조치는 세손이 왕이 되어 혜경궁이 대비가 될 것을 시기한 화완옹주(정처)의 모략이라고 보았다. 동기야 알 수 없지만 영조로서는 세손의 안위를 위한 조치였다.

사도세자가 죽은 뒤 정국은 홍봉한과 그의 동생 홍인한 등 풍산 홍씨 집안이 득세하였다. 사도세자를 죽음으로 내몰았던 그들로서는 정조의 즉위를 두려워할 수밖에 없었다. 그리하여 춘추 80이 넘은 영조가 세손의 대리청정을 논의하는 자리를 마련했을 때 홍인한은 노골적으로 세손의 대리를 반대했다. 이것이 세손의 네 번째 시련이었다. 노론은 정조가 아닌 사도세자의 후궁 빙애의 아들 은전군을 추대할 생각이었다.

"근래 나의 신기神氣가 더욱 피로하여 한 가지 공사를 펼치는 것도 역시 수응하기가 어렵다. 이와 같아서야 국사를 처리할 수 있겠느냐? 나라의 일을 생각하니 밤에 잠을 이룰 수 없는 지가 오래되었다. 어린 세손이 노론이나 소론을 알겠으며 남인이나 소북을 알겠는가? 국사를 알겠으며, 조정 일을 알겠는가? 병조 판서를 누가 할 만한가를 알겠으며 이조 판서를 누가 할 만한가를 알겠는가? 이와 같은 형편이니 종사를 어디에 두겠는가? (중략) 청정聽政에 있어서는 우리 왕조의 고사故

事가 있는데, 경 등의 의향은 어떠한가?" 하니, 홍인한이 앞장서서 대답
하기를 "동궁께서는 노론과 소론을 알 필요가 없으며, 이조 판서와 병
조 판서를 알 필요가 없습니다. 조정의 일에 이르러서는 더욱이 알 필
요가 없습니다" 하였다.

《영조실록》 51년 11월 20일

남편을 포기하고 노론인 친정의 손을 들어주었던 혜경궁이지만
세손까지 폐하고자 하는 것은 좌시할 수 없었다. 영조 역시 노론의
반대에도 불구하고 세손의 대리청정을 명했다. 이때 혜경궁과 영
조가 세손을 지켜주지 않았다면 정조의 즉위는 어려웠을 것이다.

정조의 총애를 받은 수빈 박씨

세손까지 폐하고자 했던 노론 강경파의 음모에도 불구하고 정조
는 조선의 22대 왕이 되었다. 아버지에 대한 한을 품고 있던 정조
는 즉위하자마자 자신이 사도세자의 아들임을 천명했다.

"아! 과인은 사도세자의 아들이다. 선대왕께서 종통의 중요함을 위하
여 나에게 효장세자를 이어받도록 명하셨거니와, 전일에 선대왕께 올
린 글에서 '근본을 둘로 하지 않는 것(不貳本)'에 관한 나의 뜻을 크게
볼 수 있었을 것이다. 예는 비록 엄격하게 하지 않을 수 없는 것이나 인
정 또한 펴지 않을 수 없는 것이니, 향사饗祀하는 절차는 마땅히 대부大
夫로서 제사하는 예법에 따라야 하고 태묘에서와 같이 할 수는 없다. 혜
경궁께도 또한 마땅히 경외京外에서 공물을 바치는 의절이 있어야 하나

대비와 동등하게 할 수는 없으니, 유사有司로 하여금 대신들과 의논해서 절목을 결정하여 아뢰도록 하라. 이미 이런 분부를 내리고 나서 불령한 무리들이 이를 빙자하여 추숭하자는 의논을 한다면 선대왕께서 유언하신 분부가 있으니, 마땅히 형률로써 논죄하고 선왕의 영령께도 고하겠다" 하였다.

《정조실록》즉위년 3월 10일

정조는 효장세자를 '진종대왕'으로 추존하고 효순 현빈을 '효순왕후'로 추숭하는 시호를 바치는 한편 사도세자와 혜빈 홍씨에 대해서는 반대세력의 빌미가 될까 하여 왕과 대비로 추존하는 작업을 하지 않았다. 다만 사도세자에게 '장헌'이라는 존호를 올리고 수은묘를 '영우원永祐園'으로, 사당을 '경모궁景慕宮'이라 하였다. 혜빈 홍씨에게는 '궁' 호를 부여해 혜경궁으로 모셨다. 또 정조 13년 아버지의 원소를 화산으로 옮겨 현륭원顯隆園이라 바꾼 뒤 자주 능행을 갔을 뿐이다. 영조의 당부 때문이기도 했겠지만 신중하게 때를 기다린 것이라 할 수 있다.

정조를 모신 여인들은 대체로 정숙한 근검절약형이 많았다. 백성을 위한 민생정치를 펴려 했던 정조의 이미지와 맞아떨어진다. 어머니 혜경궁 홍씨가 그랬고, 11세에 맞이한 중전 효의왕후 역시 겸손하고 후덕한 여인이었다. 정치에는 일체 관여하지 않았으며, 왕비의 권세를 부리거나 후궁들을 질투하지도 않았고, 궁중의 재물을 함부로 쓰는 일도 없었다고 한다. 또한 천성이 공손하고 온후하여 60세가 넘어서도 혜경궁 홍씨를 잘 공양하였다. 그러나 효의왕후에게는 후사가 없었다.

25세에 즉위한 정조에게 아들이 없음을 우려한 왕대비 정순왕후 김씨는, 영조의 3년상이 끝난 뒤인 1778년 5월에 후궁을 들이라는 한글교지를 내린다. 이에 정조 초기 정국을 주도하던 홍국영의 누이 홍씨가 후궁으로 들어왔으나 1년 만에 병사하고 말았다. 다음으로 1780년 판관 윤창윤의 딸이 후궁으로 들어와 딸을 하나 낳은 후역시 일찍 죽었다. 한편 정조가 화빈 윤씨의 처소에 드나들 때 시중드는 어떤 나인을 눈여겨보았는데, 그녀가 바로 의빈 성씨이다. 정조가 마음에 들어 후궁을 삼은 경우는 그녀가 유일하다. 일개 나인에서 후궁이 된 의빈 성씨는 정조 6년(1782)에 아들 문효세자를 낳았으나 안타깝게도 5세의 어린 나이에 사망하고 말았다.

왕위를 계승할 후사 문제가 계속 해결되지 않자 그 다음 해에 다시 삼간택을 통해 후궁을 들이게 되는데, 그 주인공이 바로 반남박씨 박준원의 셋째 딸인 수빈 박씨(1770~1822)이다. 그녀는 정조 11년(1787) 2월 간택되자마자 빈호 '수綏'와 궁호 '가순嘉順'을 받았다. 정조가 후궁으로 간택된 양반의 딸들에게 궁호를 내린 것을 보면 그들을 특별히 대우했음을 알 수 있다. 후사를 이어야 한다는 막중한 임무를 가지고 있었던 박씨는 다행히도 정조 14년(1790) 창경궁 집복헌에서 순조를 낳았다. 그때 정조의 나이 39세였다.

야사에는 박씨가 궁에 들어오게 된 사연이 전해진다. 정조에게 박씨를 후궁으로 추천한 사람은 화평옹주의 남편이며 정조에게는 고모부가 되는 금성위 박명원이었다. 정조의 신임을 받았던 박명원은 처음에 자신의 조카딸을 염두에 두고 후궁으로 권했다가 그 아버지로부터 "암투가 심한 궁궐에 딸을 보낼 수 없다"며 거절당하고 말았다. 때마침 전라도 여주에 사는 친척 박생원이 여름 장마로 집과 재산을 잃고서 가족을 이끌고 한양으로 올라왔다. 박생원의 식솔 중 과년한 딸이 하나 있었는데, 유복하게 자라지는 못했지만 예의바르고 정숙하여 천운이라고 생각하고 입궁을 추천하였다.

당시 박씨 집안의 빈한함이 오히려 중요한 간택 사유가 되었다. 정조의 입장에서 처가가 권문세족일 경우 새로운 당쟁에 휘말릴 수 있었기 때문이다. 흥선대원군이 홀어머니 밑에서 자란 민씨를 고종의 왕비로 선택했던 것도 이와 같은 경우였다.

정조의 기대대로 수빈 박씨는 궁에 들어와서도 신중하고 소박하게 생활했다. 현빈賢嬪이란 칭송을 받을 정도로 웃어른들을 잘 섬겼고 근검했다. 그녀는 의복을 만드는 나인이 작은 천 조각을 버린 일로 크게 꾸중한 적이 있다. 또 왕자(순조)가 왕세자로 책봉되었을 때 아첨하는 자들이 은밀히 귀중품을 진상하자 의금부에 고발하기도 했다.

정조는 항상 "이 사람은 다른 빈어嬪御와 같이 보아서는 안 되니,

창경궁 집복헌 정조의 후궁 수빈 박씨가 순조를 낳은 곳이며, 그 이전 영빈 이씨가 사도세자를 낳기도 했으니, 집복헌은 후궁들의 거처로 추정된다.

특별히 대우해야 한다"고 하였다. 수빈 박씨의 지문誌文을 지은 김조순은 "빈께서 궁중으로 들어오실 때의 성대한 거동을 보았는데, 아직도 우리 선왕(정조)께서 기뻐하던 모습과 칭찬하시던 음성을 기억하고 있어 마치 어제의 일처럼 역력하다"고 하여 정조가 수빈 박씨를 특별히 아꼈음을 알 수 있다. 정조의 총애를 받은 박씨는 순조를 낳고 3년 후(정조 17년) 숙선옹주를 낳았다. 다른 후궁들이 낳은 자식은 모두 일찍 죽었기 때문에 정조에게는 수빈 박씨가 낳은 1남 1녀가 자손의 전부였다.

신료들의 압력으로 아들을 중전의 양자로 보낼 수밖에 없었지만, 그녀는 투기하거나 욕심을 부리지 않았다. 오히려 오랫동안 후사를 보지 못한 효의왕후를 위로하고 공경하여 궁중에는 화기和氣가 가득했다고 한다. 효의왕후는 수빈보다 17세나 많은 윗사람으로서, 사도세자의 어머니 영빈 이씨가 영조비 정성왕후에게 아들을 입적시키고도 서로 원만하게 지낸 것과 같이 수빈 박씨와도 서로 존중하는 관계를 유지했다.

박씨의 지문에는 어린 시절 그녀의 비범함을 보여주는 일화가 나온다. 어머니 원주 원씨가 그녀를 임신했을 때, 꿈에 한 노인이 나타나 무릎을 꿇고 큰 구슬을 바쳤는데 그 광채가 온 집안에 가득하였다고 한다. 또 어릴 때 두 언니와 함께 놀고 있는데 갑자기 호랑이가 뜰 안으로 뛰어 들어왔다. 언니들은 모두 놀라 땅에 엎드려 울었지만 박씨는 조용히 걸어서 방 안으로 들어가 모두들 평범한 인물이 아님을 알았다고 한다.

운명을 함께한 세 여인 — 혜경궁, 효의왕후, 가순궁

1800년 6월 49세를 일기로 정조가 갑작스레 승하함으로써 11세
의 어린 순조가 즉위하였고 대왕대비인 정순왕후(1745~1805)가 수
렴청정을 하였다. 순조 즉위와 함께 내전 여인들의 지위도 한 단계
씩 승격되어 왕대비 정순왕후는 대왕대비로, 왕비 효의왕후는 왕
대비가 되었다. 여기에 혜경궁과 가순궁까지 해서 왕실의 어른이
네 명이나 되었다.

이들의 관계는 형식적으로 매우 모순된 관계에 있었다. 특히 혜
경궁의 위치가 애매했다. 자기보다 10살이나 어린 시어머니 정순왕
후를 모시고 있으면서, 며느리 효의왕후는 왕대비가 되었는데도 순
조의 할머니인 자신의 지위는 여전히 혜경궁에 머물러 있었다. 조
선 전기 성종이 즉위하자 정희왕후가 수렴청정을 맡게 되면서 의경
세자는 덕종으로 추존되고 소혜왕후는 대비로서의 지위를 인정받
았지만, 혜경궁의 경우는 정조 즉위 후에도 달라진 것이 없었다. 정
조가 진종의 아들로 승계되었기 때문에 왕후의 지위를 누릴 수 없
었던 것이다. 더욱이 정조가 생전에 사도세자를 추존하지 못하고
타계했기 때문에 혜경궁의 왕후 책봉도 물건너 간 듯이 보였다.

15세의 어린 나이에 영조의 왕비가 된 정순왕후의 아버지는 경주
김씨 김한구로서, 정치적으로 정조와 반대 입장에 서 있는 관계였
다. 영조 시기에 정순왕후의 일가, 특히 그녀의 오빠 김구(귀)주
(1740~1786)는 사도세자의 죽음에 앞장섰고, 홍봉한 등 혜경궁 홍
씨의 외척들을 공격하며 집권을 노렸다. 결국 정조가 즉위하자 김
구주는 흑산도로 유배되었고 1784년 왕세자 책봉으로 특사되긴 했
지만 곧 병사하고 말았다. 정순왕후가 정조와 혜경궁 홍씨에게 좋

《영조정순왕후 가례도감의궤》 66세의 영조가 15세의 신부 정순왕후와 가례를 치르기 위해 친영하는 반
차도 그림이 그려진 의궤이다. 영조의 계비가 된 정순왕후 김씨는 또 다른 외척세력을 형성하여 사도세자
를 제거하는 데 일조한다.

은 감정을 가질 리 없었다. 일설에는 정조가 죽기 직전 정순왕후가
탕약을 가지고 들어갔다 하여 정조 독살의 혐의를 받았으나 증거는
없었다.

정순왕후의 수렴청정 4년 동안은 벽파의 시대였다. 벽파 세력은

기다렸다는 듯이 정조 연간의 모든 업적을 무너뜨렸다. 정조가 등용했던 신진세력은 천주교 박해를 이유로 모두 유배되거나 죽었고, 규장각은 유명무실해졌으며 탕평책은 사라졌다. 권력은 다시 외척의 손에 넘어갔다.

한편 정조의 생모인 혜경궁과 정조비 효의왕후 그리고 순조의 친모 가순궁은 정치적 시련을 함께 겪으며 서로를 의지하는 동병상련의 처지였다. 그 예가 1801년 혜경궁 홍씨의 동생 홍낙임을 처리하는 과정에서 일어난다.

홍낙임은 정조 시기 세손의 즉위를 방해한 죄로 유배를 받았다가 복권된 상태였다. 그런데 순조 즉위 후 벽파의 공격을 받아 다시 귀양살이를 하게 되었다. 혜경궁은 자신에 대한 처분을 대신한 것이라 보고 정조가 승하한 영춘헌에 가서 통곡하며 자결하려 했다. 이에 가순궁은 아버지 박판서로 하여금 웃전(정순왕후)을 찾아가 설득하게 하고, 자신은 어린 주상이 정순왕후의 언교諺敎를 내리지 못하도록 희정당 뜰에 거적을 깔고 앉아 석고대죄하였다. 무언의 압력이었다. 왕대비가 된 효의왕후는 정치에는 관여하지 않았지만, 10세에 세손빈이 되어 줄곧 혜경궁과 운명을 함께해 온 여인으로서 심정적으로 혜경궁을 지지했다. 비록 최고 권력을 가진 정순왕후라도 무시할 수 없는 내전의 세 여인이 한목소리로 대응하고 나서는 데에는 어쩔 수가 없었다.

결국 혜경궁이 정순왕후를 찾아가 "너무하십니다" 하고 항변하자 정순왕후도 자신의 조치가 지나쳤다 싶어 언교를 물렸다.

정순왕후의 최대 약점은 후사가 없다는 점이다. 지위가 아무리 높다 하더라도 후사가 없으면 실권은 약해질 수밖에 없었다. 그에 비해 혈연을 중심으로 뭉쳐진 세 여인은 다음 왕위를 이어갈 유리한 고지에 있었다. 혜경궁의 존재를 무시할 수 없었던 대왕대비 정순왕후는 지위체계를 정립하면서 미안한 마음을 표했다.

> 대왕대비가 하교하기를 "대전大殿 문안의 차서는 대왕대비전·왕대비전·혜경궁·가순궁의 순서로 기록하게 하라. 그리하여 한편으로는 명위의 차서를 밝히고 한편으로는 혜경궁의 겸손한 덕을 드러내게 하라."
>
> 《순조실록》 즉위년 8월 7일

한편 정순왕후는 순조의 생모 가순궁에 대해서는 유독 호의적이어서, 순조 즉위년 박씨의 아버지 박준원을 어영대장으로 임명하여 병권을 맡길 정도로 박씨의 친정을 신뢰했다. 수빈 박씨는 소박하고 절제된 생활을 하였으나 생원 말직이었던 박준원은 이후 호조·형조·공조의 판서와 3영의 병권을 잡는 등 순조 재임기에 권세를 누렸다. 사후에는 순조가 직접 쓴 신도비가 세워졌고, 영의정으로 추증되었다. 이에 따라 수빈 박씨의 법적 지위는 대비가 아니었지만 실질적인 대우는 대비급이었다.

순조 2년(1802) 가순궁의 딸 숙선옹주에게 봉작을 내리는 문제를 놓고 논란이 일었을 때도 정순왕후는 가순궁의 아들이 주상이 되었으니 하나뿐인 옹주 역시 특별한 봉작을 받아야 한다고 주장한다. 하지만 대신들은 전례에 없는 일이라며 반대하고 나선다.

> 대왕대비가 하교하기를, "미천한 궁인이 일시에 은혜를 받아 한 명의 자식을 얻어도 또한 모두 옹주라 칭하는데, 가순궁처럼 예를 갖추어 맞이해 온 이가 저들과 구별이 없다면 어찌 미안하지 않겠는가? 이러

한 까닭으로 반드시 합당한 글자로 개정해서 분별하려 할 따름이다."

《순조실록》 2년 11월 17일

　정순왕후는 옹주보다는 높고 공주보다는 아래인 작호를 찾으라고 신하들에게 명했지만 가순궁조차 이를 거절하였고 신하들의 반대도 거듭됨에 따라 이 일은 무산되고 말았다. 스스로를 여군주女君主라 칭하며 노론 벽파의 정국을 주도했던 정순왕후는 4년 동안의 수렴청정을 끝마친 뒤 순조 5년(1805) 창덕궁 경복전에서 61세의 생을 마쳤다.

　정순왕후는 벽파 정권이 지나치게 독주하자 차기 정권을 생각하여 순조의 생모인 수빈 박씨의 집안을 정치적 파트너로 고려한 듯하다. 그러나 현실은 그녀 뜻대로 되지 않았다. 정순왕후 사후 벽파 정권은 쇠락하고 순조비 순원왕후의 아버지 김조순을 중심으로 한 안동 김씨의 세도정치가 시작되었다.

　이제 웃전으로 남은 사람은 혜경궁과 왕대비 효의왕후, 가순궁 세 여인이었다. 효의왕후는 며느리로서 혜경궁을 극진히 모셨기 때문에 정순왕후가 떠난 내전의 실질적인 어른은 혜경궁이었다. 그녀는 본격적으로 친정의 신원회복을 위해 노력한다. 혜경궁은 환갑이 넘은 나이에 《한중록》을 쓰기 시작했는데 어린

《한중록》 사도세자의 빈 혜경궁 홍씨가 1795년 환갑을 맞이하면서 쓰기 시작하여 71세까지 10여 년에 걸쳐 쓴 회고록이다. 처음에 한가한 마음으로 썼다 하여 제목을 한중록閒中錄이라 하지만, 그 이후의 글은 사도세자의 죽음과 관련된 친정의 명예회복을 위해 쓴 한恨의 기록이었다. 모두 6권으로 되어 있다.

순조를 위해 기록을 남기라고 권유한 사람은 가순궁이었다.

오랜 세월 풍파를 겪은 여인들을 위로라도 하듯 세 여인의 말년은 비교적 평화로웠다. 순조 5년부터 혜경궁이 사망하던 순조 15년까지 10여 년간 왕실에는 적장자의 탄생과 효의왕후의 육순, 혜경궁의 팔순 등 왕실의 경사가 많았다. 혜경궁과 가순궁은 명실공히 대비의 대우를 받고 있었다.

1809년 8월에는 순조비 순원왕후가 드디어 원자(효명세자)를 낳았다. 숙종 이후 150년 동안이나 끊어졌던 적통의 탄생이었다. 왕실은 축제 분위기였고 순조는 경축하는 의미에서 자전(慈殿, 효의왕후)·자궁(慈宮, 혜경궁)에게 직접 감사의 치사致詞·전문(箋文, 왕이 내리는 글)·표리(表裏, 왕이 내리는 옷)를 올리는 예를 행하기로 하였다. 순조는 처음에는 효의왕후와 혜경궁에게만 치사와 전문을 올렸는데, 나중에 신하들이 주청하여 가순궁에게까지 예를 올리게 되었다. 가순궁에게 바쳐진 치사와 전문의 일부를 소개하면 다음과 같다.

수빈 저하께서는 지닌 덕이 부드럽고 아름다움에 합치되고 자품姿稟이 화순和順하시어 간택된 때로부터 매사에 예의를 따랐고, 소자가 높여 받드는 때에 이르러서는 겸양하는 마음을 깊이 지니셨습니다. 다행히 왕자가 탄생하였으니 더욱 경사스러운데, 경술년(정조 14년 순조 탄생기)에 무지개가 흘렀던 상서로움과 부합되니 하늘이 아름다운 복을 거듭 명하였고, 종사宗社가 반석처럼 공고한 형세를 갖추게 된 것은 자덕慈德이 밀어주신 덕분입니다.

《순조실록》 9년 8월 15일

순조 15년(1815) 1월 1일에는 혜경궁 홍씨의 팔순을 기념하여 존

경우궁 정조의 후궁이며 순조의 생모인 수빈 박씨의 사당. 순조 24년(1824) 서울 계동에 세웠으나 1908년 육상궁으로 옮겨져 현재 칠궁의 하나가 되었다.

호를 올리고 교문을 반포하는데, 여기서 혜경궁과 효의왕후, 가순궁을 '삼전三殿'으로 통칭하고 있다. '전殿'이란 왕의 대전이나 대비전을 지칭하는 것인데, 혜경궁과 가순궁이 공공연히 대비로 인정받았음을 말해준다.

순조 15년(1815) 12월 15일 혜경궁 홍씨가 창경궁 경춘전에서 81세의 파란만장한 생을 마감하였다. 혜경궁 홍씨는 고종이 대한제국을 수립한 이후 1899년 사도세자를 장조로 추존하면서 헌경왕후로 추존되었다. 죽어서야 비로소 왕후의 신분을 가진 것이다. 효의왕후는 순조 21년 69세로 승하하였고, 그 뒤 가순궁도 시름시름 앓다가 이듬해에 창덕궁 보경당에서 생을 마쳤다.

10세를 전후한 어린 나이에 궁에 들어와 거의 궁궐 귀신이 되어

휘경원 순조 22년(1822) 수빈 박씨가 사망하자 순조는 어머니 묘소를 양주 배봉산(서울 휘경동)으로 정하고 원호를 '휘경'이라 하였다. 철종 6년에 순강원 근방으로 옮겨졌다가 다시 철종 14년 지금의 남양주시 진접읍으로 천장되었다. 순조는 휘경원을 관리하는 수봉관을 능에 해당되는 참봉으로 높임으로써 어머니에 대한 정성을 다하고자 하였다.

버리는 왕실의 여인들. 그들은 권력다툼으로 불신과 파벌이 난무하는 궁궐에서 서로의 두려움과 외로움을 달래주며 살아왔다. 그런 면에서 가순궁은 행복한 여인이었다. 아들이 왕이 되었기 때문이라기보다 그녀를 사랑해준 시어머니 혜경궁 홍씨, 자매처럼 대우해준 정조비 효의왕후가 있었기 때문이다.

수빈 박씨의 시호는 행실이 세상에 드러나고 덕을 베풀고 의로움을 간직하였다고 '현목顯穆'이라 하였다. 묘는 '휘경원徽慶園', 사당은 '경우궁景祐宮'이다. 순조는 휘경원을 관리하는 수봉관을 능에 해당되는 참봉으로 바꿨다. 빈궁도 왕이나 왕후의 혼전으로 사용하는 창경궁 환경전을 사용했다. 장례 후 혼궁을 창경궁 안의 도총

부 자리에 둘 정도로 순조는 어머니를 대비처럼 대우했다. 휘경원
은 원래 정조가 묻혀 있는 건릉 관내로 정하려다가 양주 배봉산(서
울 동대문구 휘경동)으로 결정되었다. 그 후 철종 6년에 인빈 김씨의
순강원 근처로 옮겨졌다가 풍수상 안 좋다는 이유로 다시 철종 14
년(1863) 5월에 지금의 자리(남양주시 진접읍)로 천봉되었다. 광무 5
년(1901) 고종이 대한제국을 세우면서 후궁의 품계를 높이는데, 그
때 수빈도 '수비'에 올라 옥책과 금보를 받았다.

　수빈 박씨의 사후 추존 과정에서도 자식의 도리를 다하고자 하는
순조의 효심과 신하들의 예법논쟁은 또다시 되풀이되었다. 특히
빈궁·혼궁의 장소와 원관을 참봉으로 고친 것이 문제였다. 자식으
로서 부모를 추존하는 것과 국왕으로서 국법을 지켜야 하는 문제
그리고 신하로서 예법을 중시하는 것은 항상 갈등의 주제였다. 순
조의 다음과 같은 한탄 속에 그러한 단면이 드러나 있다.

　　평상시 거둥할 때에도 운검雲劒·총관摠管·승사承史·각신閣臣 등이
　모두 의절을 갖추고 수행하였으니, 이것이 조정에서 다 함께 받들어 이
　행할 것들이 아니겠는가? 이번 원관을 참봉으로 호칭하는 것이 운검·
　승사의 칭호보다 얼마나 더 중하기에 이와 같이 시끄럽게 하는가? 나는
　살아계실 때를 모방하는 의절[像生之儀]을 갖추려고 할 뿐이지, 감히 제
　도를 어기려는 것이 아니다. 나는 꼬치꼬치 말하고 싶지 않으니, 너희
　가 스스로 생각해보도록 하라.

　　　　　　　　　　　　　　　　　　　　《순조실록》23년 1월 5일

영조 46년(1770)	5. 8	탄생. 반남 박씨. 부父 박준원, 모母 원주 원씨
정조 11년(1787)	2. 8	빈으로 간택
	2. 11	빈호는 '수', 궁호는 '가순'으로 봉함
정조 14년(1790)	6. 18	창경궁 집복헌에서 원자(순조)를 낳음
정조 17년(1793)	3. 1	숙선옹주를 낳음
순조 22년(1822)	12. 26	창덕궁 보경당에서 53세로 사망 시호는 '현목', 원호는 '휘경'
순조 23년(1823)	2. 27	양주 배봉산 아래 묻음
순조 24년(1824)	12. 1	별묘를 '경우궁'으로 정해 계동에 세움
철종 6년(1855)		휘경원을 순강원으로 옮김
철종 14년(1863)	5.	양주 달마동으로 휘경원 이장
고종 33년(1896)		경우궁을 옥동으로 이건
광무 5년(1901)	10. 11(양)	'수비'로 추존하고 옥책과 금보를 내림
융희 2년(1908)	7. 23(양)	경우궁이 육상궁 안으로 옮겨짐

영조 ┬ 영빈 이씨

서2남

장조(장헌 사도세자) ┬ 헌경왕후(혜경궁) 홍씨

2남

정조

제22대 정조 (산, 1752~1800)

효의왕후 김씨(1753~1821) ·········· 후사 없음

의빈 성씨(1752~1786) ·········· 1남(문효세자)

수빈 박씨(1770~1822) ·········· 1남(제23대 순조) 1녀(숙선옹주)

원빈 홍씨(1763~1779) ·········· 후사 없음

화빈 윤씨(? ~1824) ·········· 1녀(일찍 죽음)

8

망국의 한을 품다

영친왕의 어머니 황귀비 엄씨

광무 6년(1902) 내부 대신內部大臣 이건하가 상소를 올리기를,

"지금 모든 제도가 새롭게 정비되어 미비한 부분이 없지만 오직 후궁에 대한 문제만은 미처 손쓰지 못하였습니다. 대체로 천자의 나라에 후后가 있고 비妃가 있는 것은 작위를 가진 부인들을 구비하자는 뜻이고 후의 자리가 비면 비를 후로 올리는 것이 예법이었습니다. (중략) 명나라의 옛일에 원래 황귀비皇貴妃의 칭호가 있었는데 '귀비'에다 '황'자를 붙인 것은 대체로 특별히 우대하는 예의로 귀비를 높이자는 것이었습니다. 이제 순비에게 이 전례를 적용해서 '순淳'자 위에 '황皇'자를 붙이고 모든 관리들이 문안하는 절차도 법으로 정함으로써 작위를 가진 부인의 대우를 높이고 황실의 체모를 중하게 만든다면 옛 것을 그대로 따르고 변통을 하는 두 가지 원칙에 다 부합될 것 같습니다" 하였다.

같은 날 의정부 참정 김성근은, "비의 자리가 빈 지 8년 만에 현숙한

순비淳妃가 있어서 폐하의 곁에 있으면서 근면하고 화목하게 지냈고 난 국을 수습하고 기근을 구제한 결과 이미 안에서는 음공陰功을 오랫동안 세웠고 훌륭한 소문은 이미 바깥에 드러났습니다. 그래서 온 나라가 그 덕에 감동하여 중신들과 정승들, 팔도八道의 선비들이 연명으로 상소를 올려 끊임없이 청하고 있으니, 이것은 전적으로 사람들의 일치한 마음 에서 나온 것입니다" 하였다.

《고종실록》39년 10월 13일

1895년 을미사변으로 명성황후가 살해된 지 햇수로 8년이 흐른 뒤에도 고종은 재혼하지 않았다. 중전의 자리가 비어 있음을 걱정 하여 신하들은 고종의 승은을 입은 후궁 엄씨를 높여 황귀비에 봉 하자는 상소를 올렸다.

1897년 10월 대한제국을 선포하면서 황실의 호칭에는 모두 '황' 자가 붙었다. 왕은 황제皇帝로 왕후 민씨는 황후皇后로 추존되었고, 왕세자는 황태자皇太子로 책봉되었다. 더불어 후궁의 칭호 역시 '빈 嬪'에서 '비妃'로 높이고, 이를 더 높여 '귀비'에다 '황'자를 붙여 '황귀비'로 삼자는 것이다. 제후국에서 '비'는 왕의 정비를 의미하 지만 황제국에서 '비'는 후궁 최고의 호칭이었다. 그래서 엄씨는 대한제국기에 황귀비에 올랐고 사후에 '순헌'이란 시호를 받았으 므로 공식 명칭은 '순헌 황귀비'이다.

1910년 일본에 의해 국권이 침탈되자 마지막 황제 순종은 '이왕' 으로 강등되었고 더 이상 황제국은 존재하지 않았다. '황'자가 들 어간 호칭들도 사라졌다. 황제국에 대한 이상과 희망은 그렇게 13 년 만에 끝이 났다. 엄씨는 후궁 중에서 가장 높은 지위라 할 수 있 는 황귀비에 올랐지만, 생애는 이름만큼 화려하지 못했다. 이미 나라를 빼앗겼고 고종은 언제 암살될지 알 수 없는 판국인데다가 아들 영친왕은 일본에 볼모로 끌려갔으니 엄씨의 마음고생이 컸음을 짐작할 수 있다. 1911년 사망한 그녀의 삶은 그야말로 대한제국의 운명과 함께한 셈이었다.

고종은 왜 엄상궁을 선택했을까?

본관이 영월인 엄씨는 철종 5년(1854) 엄진삼의 2남 2녀 중 장녀로 태어나 8세에 궁녀로 들어왔으며 명성황후 민씨(1851~1895)의 시위상궁이 되었다. 당시 엄씨의 나이는 32세로 내명부 정5품에 해당하는 상궁이었다. 더욱이 엄상궁은 그곳의 책임자인 지밀상궁(시위상궁)이었는데, 중전을 가장 가까이 수행하면서 안전을 책임지는 지밀궁녀들은 궁녀 가운데서도 가장 지위가 높았다. 그런데 어느 날 갑자기 엄상궁이 임금의 승은을 입어 치마를 뒤집어 입고 나왔다. 원래 임금의 승은을 입은 궁녀는 관례상 방에서 나올 때 치마를 뒤집어 입게 되어 있다. 1895년 명성황후가 시해되기 10년 전 고종의 승은을 입었다고 하니 1885년쯤으로 추정할 수 있다.

세간에는 중전 민씨가 엄씨를 가까이 둔 것은 외모가 볼품없었기 때문이라고 하는데, 엄씨의 사진만 보고 지금의 관점으로 섣부르게 판단하기에는 무리가 있다. 고종 즉위부터 1910년 한일합방까지 조선 말기의 사건들을 자세히 기록한 황현의 《매천야록梅泉野錄》에는 "엄씨의 외모가 민후와 닮았고 권모와 지략도 비슷했다"고 하며 엄씨가 중국어에 능통하고 춤과 노래를 잘하였다는 기록이 있다.

고종이 을미사변 5일 만에 엄씨를 불러들인 이유는 무엇일까? 우

선 중전이 살해된 왕실의 혼
란을 수습하고 내전의 질서를
잡아줄 만한 적임자가 필요했
다. 명성왕후 민씨는 국모의
역할을 대행할 후궁을 모두
내쫓아버린 상태였기 때문에
고종은 내명부를 지휘해본 경
험을 지닌 엄상궁이 적임자라
고 생각한 것이다.

　실제로 엄상궁은 궁에 들
어와 내전의 혼란을 수습하
였으며, 1896년 고종이 러시
아 공사관으로 피신하는 데
결정적 역할을 하였다. 일본
은 을미사변을 무마시키기
위해 대원군을 내세웠고, 친
일 내각이 들어서면서 고종

순헌 황귀비 엄씨　고종의 후궁이며 영친왕의 생모인
엄씨는 상궁에서 후궁 최고의 지위인 황귀비에까지 오
른 여인이었다.

은 실권을 잃었다. 국모가 시해된 중대한 사건임에도 이틀 만에 발
표된 조령의 내용은 오히려 중전 민씨에 대한 비난 일색이었다. 또
한 민씨의 죽음에 대한 언급은 없고 그녀가 임오군란 때처럼 어디
론가 도망을 갔다고 밝히고 있다.

　짐이 보위에 오른 지 32년에 정사와 교화가 널리 펴지지 못하고 있는
중에 왕후 민씨가 자기의 가까운 무리들을 끌어들여 짐의 주위에 배치하
고 짐의 총명을 가리며 백성을 착취하고 짐의 명령을 어지럽히며 벼슬을

팔아 탐욕과 포악이 지방에 퍼지니 도적이 사방에서 일어나서 종묘사직
이 아슬아슬하게 위태로워졌다. (중략) 사변이 터지자 짐을 떠나 그 몸을
피한 채 임오년(1882)의 지나간 일을 답습하였으며 찾아도 나타나지 않
았다. 이것은 왕후의 작위와 덕에 타당하지 않을 뿐 아니라 그 죄악이 가
득 차 선왕들의 종묘를 받들 수 없는 것이다. 짐이 할 수 없이 가문의 고
사故事를 삼가 본받아 왕후 민씨를 폐하여 서인으로 삼는다.

《고종실록》32년 8월 22일

당시 집권한 김홍집 등 친일 내각과 대원군은 국모시해에 대한
항의보다는 오히려 민씨를 폐위시키고 민씨 일파들을 제거하는 데
앞장섰다. '국왕 칙령'으로 발표된 위와 같은 내용은 나중에 고종
의 명이 아니었음이 밝혀진다. 정권을 잡겠다는 야심이 분별력을
상실하게 했던 것이다.

러시아 공사관 을미사변 이후 신변에 위협을 느낀 고종은 1896년 2월 왕세자와 함께 러시아 공사관으로
피신한다. 엄상궁은 고종을 수행하여 1년간 함께 머물면서 영친왕을 임신하였다.

왕후 시해 사건은 국내보다도 오히려 국제사회의 비난을 불러일으켰다. 당시 사건을 지켜본 미국인 교관 다이장군과 러시아 기사 사바틴의 증언에 의해 사건의 진상이 밝혀지자 일본은 여론을 무마하기 위해 미우라 공사 등을 송환하여 사건 관련자들을 재판에 회부하였다. 그러나 일본 본국에서 진행된 재판은 형식적인 것으로, 한 달 후 관련자들은 모두 증거 불충분으로 석방되었다.

아무 대응도 하지 못한 조선정부에 비해 백성의 반응은 달랐다. 중전 민씨가 살해되기 전까지 당시 민심은 고종이나 민씨에게 부정적이었다. 고종은 나라를 망하게 한 무기력한 왕이고 명성황후는 지나친 정치 간섭과 사치, 민씨 척족들의 부정부패 등으로 나라를 망하게 했다는 책임론이 더 강했다. 그러나 막상 명성황후가 시해되자 백성은 민씨에 대한 비판보다는 일본의 국권 모독에 분노하고, 친일 내각이 단행한 단발령에 항의하며 의병을 일으켰다. 역사를 보는 민중의 눈이 사회 지도층보다 더 정확했음을 알 수 있다.

실권을 상실한 고종이 현 상황을 타개하는 길은 친일 내각을 무력화하는 것이었다. 그 대안으로 러시아의 힘을 빌리기로 한 고종은 아관파천俄館播遷을 단행하였다. 이때 엄상궁은 일제의 감시를 피해 고종과 세자(순종)를 러시아 공사관으로 무사히 도피시키는 데 중요한 역할을 한다. 먼저 경복궁 문을 자주 드나들어 경비로 하여금 방심하게 해놓고, 그 틈을 타서 고종과 세자를 궁녀의 가마에 태워 피신시켰다. 당시 조선에 들어와 있던 카르네프, 미하일로프 등 러시아 장교들의 기록《내가 본 조선, 조선인》에 의하면, 가마 한 내에는 궁녀 한 명과 왕이 타고 있었고 다른 가마에는 궁녀와 세자가 타고 있었다. 이들의 탈출은 오전 7시 30분쯤에 이루어졌는데, 평소 고종이 밤늦도록 업무를 보고 새벽녘에야 잠이 들었기 때문에 왕이 잠들어 있는 새벽에는 감시도 소홀했던 것이다. 가마꾼조차 가마 안에 왕이 타고 있는지를 몰랐다가 공사관에 도착해서야 알았다고 할 만큼 계획은 주도면밀했다.

고종이 러시아 공사관으로 이어移御하자 실권은 러시아로 넘어갔다. 총리대신 김홍집은 체포되어 분노한 백성의 손에 참살당했고 내부대신 유길준은 일본군의 보호를 받으며 일본으로 도피하였다. 이로써 친일 내각은 실각하고 이윤용을 군부대신으로 한 친러 내각이 구성되어 고종에게 충성을 맹세하였다. 1년 후 독립협회 등의 복귀 요청으로 고종은 다시 궁으로 돌아오는데, 경복궁이 아닌 외국 공사관들이 모여 있는 경운궁(현 덕수궁)을 선택하였다. 그때부터 경운궁은 대한제국기의 법궁이 되었다.

상궁에서 황귀비가 되기까지

아관파천 당시 러시아 공사관에서 1년 동안 고종을 모시는 동안 엄상궁은 임신을 했고 1897년 10월 20일 황자 이은을 순산했다. 고종이 대한제국을 선포하고 환구단에서 황제로 즉위한 지 8일째 되는 날이었다. 명성황후가 4남 1녀를 낳았지만 순종만 남고 모두 일찍 사망한 것에 비하면, 44세 노산임에도 건강한 출산이었다.

황자를 낳은 '궁인' 엄씨는 곧바로 10월 22일 '귀인'으로 봉작되었다. 소원이나 숙의를 거치지 않고 곧바로 종1품으로 급상승한 것이다. 이것은 왕자를 낳은 공보다도 아관파천과 함께 그동안 고종을 안전하게 모셔온 공로를 인정한 것이었다.

대한제국의 황제로서 고종이 새롭게 여러 가지 제도를 정비해나

갈 즈음인 1900년 8월 3일, 엄씨는 다시 귀인에서 '순빈'으로 승격
되었다. 그리고 둘째 황자(이강, 의화군)와 셋째 황자(이은)를 왕으
로 봉하게 하여 8월 17일 정식으로 경운궁 중화전에서 책봉례를 행
하였다. 이강은 의친왕義親王으로, 이은은 영친왕英親王으로 봉하였
으며 금책金册과 금인金印, 칠장복七章服을 하사하였다. ('왕'자에 '친
親'자를 덧붙여 의친왕, 영친왕이라고도 부르는데, 친왕이란 표현은 중국
명나라에서 제후급 봉왕과 아들인 왕을 구분하기 위해 사용되었다.) 엄씨
가 낳은 영친왕은 당시 4세의 어린아이였고, 후궁 장씨의 소생인
의친왕은 24세로 미국 유학중이었다. 《매천야록》에는 미국 유학중
인 의친왕이 국내로 돌아오려고 했으나 형제간의 황위다툼을 염려
하여 고종이 돌아오지 못하게 했는데, 그 이유는 엄씨 때문이기도
했다. 황태자(순종)의 후임으로 엄씨의 아들 영친왕을 옹립하려는
상황에서 의친왕이 국내로 돌아오면 분명 문제가 발생하리라 판단
한 것이다.

황후도 없는 황실에서 아들까지 낳은 후궁 엄씨의 권세는 날로
강해질 수밖에 없었다. 이제는 '빈'에서 '비'로 봉해야 한다는 상소
가 올라오기 시작한다. 고종은 처음에는 급하지 않은 문제라며 거
절하다가 결국에는 순비에 봉하게 된다.

1901년 영돈녕원사 윤용선이 올린 상소에는, "천자의 후궁이 마땅히
비가 되어야 한다는 것은 이미 역대의 확고한 증거가 있음을 전번에 올
린 상소 가운데 긴달하였고 폐하께서도 옳게 여겼습니다. 그러니 이제
순빈 엄씨가 비가 되는 일을 어찌 그만둘 수 있겠습니까? (중략) 비와
빈은 모두 후궁의 벼슬입니다. (중략) 아들이 친왕親王이 되었는데 친
왕의 어머니를 귀하게 하여 비로 하지 않는다면 장차 누가 비가 되겠습

니까? 이것이 귀한 것으로 인하여 높인다는 말입니다. (중략) 폐하께서
는 지금이야말로 경우궁을 존봉尊封할 때라는 것을 넓고 깊게 생각하
고 계속 순빈을 황비皇妃로 승봉하는 전례를 행함으로써 나라의 체통
을 높이고 여망輿望에 부응하소서."

《고종실록》38년 양력 9월 14일

중국 고사에 의하면 천자는 후궁의 벼슬을 후后, 부인夫人, 빈嬪, 세
부世婦, 여어女御로 5등급을 두었다고 한다. 부인은 당나라 이후부터
비라고 하였으며, 위나라 이후부터는 임금의 어머니를 비로 삼았다.
이번에도 역시 '아들로 인해 그 어미가 귀해진다'는《춘추》의 논리를
반복하고 있다. 이제 천자가 된 고종황제의 후궁으로서 순빈 엄씨가
'비'가 될 수 있는 충분한 근거가 마련된 셈이었다.

고종이 황제로 즉위하면서
정조도 황제로 추존되었고,
이에 따라 정조의 후궁이며
순조의 생모인 수빈 박씨(경
우궁)를 '수비'로 봉하였다.
이는 엄씨를 '비'로 올리기
위한 사전 포석이었다. 그리
고 마침내 1901년 10월 14일
순빈 엄씨가 '순비'로 책봉되
었는데, 이때 통상 왕비에게
내려지는 옥책문이 아니라
금책문이 내려졌다. 이는 엄
씨를 황후 수준으로 인정했

《순비책봉의궤》 1901년 10월 14일 순빈 엄씨가 '순
비'로 책봉되었는데, 조선의 왕비가 받았던 옥책문이
아니라 금책문을 받았다. 이는 엄씨를 황후 수준으로
대우하고 있음을 의미한다.

음을 의미한다.

이후 순비 엄씨에 대한 존호를 더 높여야 한다는 상소가 계속되었는데, '황'자를 붙여 황순비로 하자는 의견도 있었으나 최종적으로는 '황귀비'가 되었다. '귀비'란 중국 당나라에서 귀빈, 귀인과 함께 3부인으로 불린 호칭으로, 후궁의 내명부 품계 중에서 가장 높은 정1품 직위를 나타낸다. 당나라 현종이 총애한 양귀비 역시 후궁 중 귀비에 올랐던 것이다. 재미있는 사실은 엄씨의 존호를 의논하면서 감히 엄씨를 양귀비에 비교했다 해서 윤용선이 이용익을 성토한 일이다. 이렇듯 신하들 스스로 엄비에 대한 충성심을 나타낼 정도로 황실에서 엄비의 영향력은 컸다. 1903년 12월 25일 황귀비로 책봉될 때에도 금책문이 내려졌다. 금책과 금보뿐 아니라 왕후가 입는 적의까지 하사받았다. 또한 엄씨를 위해 특별히 명례궁 자리에 '경선궁慶善宮'을 지어주었다.

이때부터 황귀비 엄씨를 황후로 책봉해야 한다는 상소가 빗발치기 시작하여 수레에 가득 찰 정도였다. 그럼에도 불구하고 고종은 황태자를 생각해서 끝까지 허락하지 않았다. 고종은 성난 목소리로 "네가 황후가 되고 싶으냐?"라고 물었고, 엄비는 겸손한 어투로 "소인이 어찌 감히 그러겠습니까?" 하고 대답하였다. 엄귀비 역시 황후 책봉에 관한 상소가 올라올 때마다 "황후라니! 내가 죽을 날이다" 하며 임금에게 윤허하지 말도록 권하였다. 그만큼 중전의 자리는 감히 넘볼 수 없는 자리였다. 사실상 엄씨는 황후나 다름 없었지만 법적인 황후로 인정받지 못했기 때문에 '황귀비'라는 특별한 존칭을 받게 된 것이다. 엄씨를 제외한 고종의 다른 후궁들, 즉 의왕의 어머니 장씨나 덕혜옹주를 낳은 양씨 등은 '빈'도 아닌 귀인에 올랐을 뿐이다.

내명부의 지위체계는 엄씨로 인하여 격상되었으나 여전히 엄씨의 지위는 후궁이었다. 간혹 엄씨를 가리켜 고종의 계비라고 하는데, 이는 잘못된 표현이다. '계비'란 정비가 죽고 다음에 들어온 정비를 일컫는 호칭으로, 비록 엄씨가 '비'라 하더라도 정비가 아니었으므로 명성황후에 대한 상대적 개념인 '계비'는 올바른 표현이라 할 수 없다.

엄씨가 황후가 되지 못한 이유 10가지

황귀비에 오른 엄씨를 황후로 책봉하라는 상소도 많았지만 그 반대 여론 역시 만만치 않았다. 1906년 9월 윤헌, 김희수 등이 13도의 벼슬아치와 유생들을 거느리고 엄귀비의 황후 책봉이 불가하다고 상소하였다. 《매천야록》에 자세히 실린 그 10가지 이유는 다음과 같다.

1. 명의 태조는 마황후가 사망한 후 수십 년 동안 그의 총애를 받은 비와 빈이 없지 않았으나 황후를 책봉해야 한다는 여론을 듣지 못했으니 이것이 오늘날 본받을 일이 아니겠습니까?

2. 우리 숙종조에서는 후궁을 정위正位에 올릴 수 없다는 것을 위로 태묘에 고하고 아래로 만세에 훈계하여 이것을 국가의 금석 같은 전례로 만들었으니, 이를 따르지 않으면 장차 무슨 낯으로 숙종의 사당에 들어갈 수 있으며, 무슨 말로 하늘에 계신 28세 선대왕들의 영령을 위로할 수 있겠습니까?

3. 영조대왕은 그 효성이 다른 왕들보다 우월하여 육상궁(숙빈 최씨)

의 전례에 지극한 정성을 다하였으나 추숭하자는 여론을 듣지 못

했으며, 순조황제는 가순궁(수빈 박씨)을 받들고 있을 때 온갖 효

성을 다하였으나 정위에 올리자는 여론을 듣지 못하였습니다. 그

리고 육상궁과 가순궁은 대왕을 기르시어 그 공덕이 매우 높았지

만 대호大號를 받지 못하였는데, 하물며 엄비는 폐하의 후궁이며

영친왕의 어머니에 불과할 따름입니다.

4. 현덕, 안순, 정현 등 세 왕후가 후궁으로서 정위에 올랐지만 이것

은 모두 숙종 이전의 일이었고 이분들은 모두 명문 가정에서 선발

되어 예를 갖추어 입궁하였으므로 부득이 정위에 오른 것입니다.

민가의 여자로 상궁이 되어 분수에 넘치게 정위에 오른 사람은 오

직 장희빈뿐이었으나 얼마 안 되어 다시 그 위호를 빼앗겼으며 상

서롭지 못한 일까지 일어났으니, 그 예를 들지 않아도 명백히 알

수 있을 것입니다. 하물며 엄비가 상궁 출신이라는 것은 장희빈과

다를 바 없으나 소생인 경종이 보위에 오른 경우와 영친왕이 어떻

게 비교가 되겠습니까?

5. 지금 황태자의 가례가 눈앞에 있는데, 곤전坤殿이 없어 황제가 홀

로 예를 받는 것이 큰 흠이라고 합니다. 그러나 어찌 이토록 불경

스럽고 무례한 말을 할 수 있겠습니까? 열성조 이후 대비전 혼자

서 헌포의 예를 받은 사례가 일찍이 없었습니까? 명의 태조는 적

서의 아들이 26명임에도 마황후가 승하한 후 그 아들들의 혼례를

치를 때마다 혼자 헌조례를 받은 것이 한두 번이 아니었습니다. 사

가에서도 홀아비가 아들의 혼례를 치를 때 혼자 앉아서 대추를 넌

지는 것은 예사입니다.

6. 우리 태조 이하 28조의 왕후는 모두 명문가에서 엄히 가려 뽑았습

니다. 이는 명나라뿐 아니라 세계 각국에서도 귀족 아래의 신분은

처음부터 황후로 뽑힌 예가 없었습니다. 하물며 궁녀에서 황후로 승급되는 경우는 처음부터 말할 필요가 있겠습니까?

7. 황태자(순종)의 나이는 이미 40세(실제로는 33세)가 지났는데 30년 전의 엄상궁을 대하여 하루아침에 소신이라고 칭하고, 그를 모후라고 부르며 곤전의 자리 밑에서 몸을 굽혀 사배례를 올린다면 천리天理와 인정에 있어서 마음이 편안하시겠습니까? 이런 사실을 명성황후의 영령이 지하에서 아신다면 어찌 민망하지 않을 수 있겠습니까?

8. 만일 폐하께서 이런 일을 이행하시면 천추만세 후에는 명성황후의 묘주墓主가 전에 시녀로 있던 상궁의 신주와 한 실室에서 함께 배향될 것이니 명성황후의 혁혁한 영령이 어찌 진노하지 않겠으며, 어찌 종묘의 제향을 함께 받으려고 하겠습니까?

9. 황태자는 을미사변과 같은 망극한 변란이 발생한 이후 그 원통함을 참고 살면서 오직 부황폐하를 의지하며 엄부와 자모를 겸하였습니다. 지금 적신들은 망측하게 요행을 노리고 갖가지 분란을 일으키고 있으니, 삼가 성심을 다하시어 심사숙고하여 처분을 내려주소서.

10. 숙종의 어진御眞을 이미 진전에 봉안하고 있습니다만 전날의 엄상궁이 황후가 되어 그 제향을 주관하게 된다면 하늘에 있는 숙종의 영령이 순수한 복을 내려줄 수 있겠습니까? 그리고 폐하께서도 우러르고 받드는 데 어찌 부끄러움이 없겠습니까?

일목요연하게 제시된 열 가지 이유는 지금까지 조선사에서 후궁이 정위에 오를 수 없는 이유들을 총정리해주고 있다. 장희빈 이후 숙종이 "다시는 후궁이 정위에 오르지 못하게 하라"고 법제화한

일을 상기시키기도 하였으나, 열 가지 중에서 사실상 가장 큰 이유
는 여섯 번째인 '신분'의 문제였다. 현덕, 안순, 정현왕후가 정위
에 오를 수 있던 것은 그녀들이 명문가의 딸들이기에 가능했던 것
이고, 양반이 아닌 궁녀 출신 후궁은 결코 왕후에 오를 수 없음을
다시금 못 박고 있다.

명성황후를 사랑한 고종

고종이 엄귀비를 총애했다고 하여 명성황후에 대한 애정이 없었
다고 볼 수는 없다. 고종은 엄귀비를 믿고 의지했지만 중전 민씨에
대한 애정도 깊었으며, 일제에 의해 처참하게 시해되었기에 그 원
한이 더욱 사무쳤다. 고종은 황후 이야기만 나와도 눈물을 줄줄 흘
렸으며, 경대와 대야 등 황후가 사용하던 물건을 볼 때는 그것을
어루만지며 탄식하였다. 매월 삭망이면 친히 제문을 지어 제사를
지내니, 당시 사람들은 고려의 공민왕이 노국공주를 그리워하며
슬퍼한 일에 견주곤 하였다.

경운궁으로 이어한 뒤 고종은 시신조차 제대로 거두지 못한 명성
황후를 위하여 국장을 성대하게 치렀고 혼을 모신 경효전에는 거
의 매일 찾아가 다례를 행할 정도로 정성을 들였다. 심지어는 충주
에서 귀신을 볼 수 있다는 성강호라는 사람을 불러들여 다례를 올
릴 때 황후의 귀신이 보이는지 여부를 물어보았다. 그가 "황후가
임하셨다"고 하자 고종은 그 자리를 어루만지며 크게 통곡하였다.
이때부터 경효전이나 능에서 제사를 지낼 때 황후가 보고 싶으면
고종은 그를 찾았다.

1863년 12세의 나이에 왕으로 즉위한 고종은 나이도 어리고 세자 교육을 받지 못했기 때문에 아버지 흥선대원군의 섭정을 받았다. 명성황후 민씨와는 1866년에 가례를 치르게 되었으나, 고종은 이미 궁녀 이씨를 가까이 했던 터라 중전과는 거리가 있었다. 고종이 20세가 되도록 대원군이 섭정을 끝내려 하지 않자 민씨는 최익현 등 노론을 부추겨 대원군이 물러나도록 하는 지략을 발휘했다. 이것은 친정親政을 원하고 있던 고종에게 큰 도움이 되었고 이를 계기로 두 사람의 관계가 가까워졌다.

　　일본, 미국, 프랑스, 러시아, 중국 등 주변 열강들이 조선을 넘보고 있는 혼란기에 본격적인 통치를 시작한 고종은 대원군과 달리 개방정책을 폈다. 이때 국정에 적극적으로 개입하며 결정권을 행사한 명성황후는 더이상 기존의 내외명부를 총괄하는 구중궁궐의 여인이 아니었다. 자기주도성이 강하여 직접 외국 선교사나 공사들을 만나 국제정세를 파악하는 등 오늘날 퍼스트레이디 이상의 정치력을 발휘했다. 청일전쟁에서 승리한 일본이 국제적인 비난을 감수하면서까지 '명성황후 살해'라는 승부수를 던진 이유도 명성황후를 가장 큰 걸림돌로 보았기 때문이다.

　　명성황후는 고종과의 관계에서도 평등한 부부관계를 원했는지, 고종의 후궁을 용납하지 않았다. 1868년 궁인 이씨가 완화군(1868~1880)을 먼저 낳은 후 민씨도 1870년에 왕자를 낳았으나 3일 만에 사망하였다. 이때 대원군이 산삼을 먹이라고 한 것이 사망 원인이 되었다고 생각한 민씨는 대원군을 원망하게 되었다. 이후 대원군이 완화군을 세자로 삼으려 하자 이들의 관계는 더욱 악화되어 마침내 영원한 정적政敵이 되고 말았다. 고종이 친정을 시작하고 1874년 민씨가 왕자 척(순종)을 낳음으로써 더 이상 후사 문제로 초조해하지는 않았지만 불행히도 세자는 건강하질 못했다.

이즈음 고종은 궁인 장씨를 가까이 하여 1877년 아들 강을 낳았다. 중전 민씨가 이를 참지 못하고 장씨를 궁에서 쫓아내는데, 야사에 전해지는 그 사연이 섬뜩하다.

명성후는 성을 내며 날카로운 칼을 들고 장씨가 거처하는 곳으로 가서 창문에 칼을 꽂으며, "칼을 받으라"고 소리쳤다. 장씨는 본래 힘이 센 사람이라 한 손으로 칼자루를 잡고 다른 한 손으로 창문을 밀고 나가 엎드려 목숨을 구걸하였다. 쪽진 머리가 흩어져 구름처럼 드리워 얼굴을 가렸다. 명성후는 가여운 생각이 들어 칼을 버리고 웃으며 말하기를 "대전이 어여삐 여길 만하구나. 지금 죽이지는 않겠다. 그러나 너를 궁중에 있게 할 수는 없다" 하고는 역사力士를 불러 포박하고 음부의 양쪽 살을 베어낸 다음 떠메서 밖으로 내보냈다. 장씨는 그의 형제에 의지해 10여 년을 살다가 그 상처로 고생 끝에 죽었다.

《매천야록》

사실 여부를 확인할 수 없는 잔인한 이야기이지만 엄상궁 또한 쫓겨난 것을 보면 명성황후가 고종의 여인들을 용납하지 않았던 것만은 확실하다. 당시 백성의 민심은 황현의 기록처럼 민씨에 대해 그다지 호의적이지 않았다. 13세에 요절한 완화군도 민씨가 죽였다는 소문이 돌 정도였다.

민씨는 세자가 후사를 잇지 못할 것을 알고는 후계자를 왕자 이강의 아들로 삼기로 했다. 그래서 이강을 대하는 태도가 전처럼 야박하지 않았고 오히려 고종에게 권하여 의화군(1877~1955)으로 봉하게 하였다. 1891년 15세에 의화군이 된 이강은 1893년 참봉 김사

준의 딸과 가례를 올렸다. 1894년에는 보빙대사로 일본을 방문했고 1895년에는 특파대사 자격으로 영국, 독일, 러시아, 이탈리아, 프랑스, 오스트리아 등 유럽을 방문할 정도로 중요한 임무를 맡았다. 하지만 명성황후가 사망한 뒤 왕실의 실권이 엄비에게로 넘어가자 그를 밀어줄 사람은 없었다. 1900년 의친왕에 책봉되었지만 미국 유학길에 오른 뒤 엄비로 인해 쉽게 국내에 들어올 수 없었다. 그러다가 1905년 5년 동안의 유학을 마치고 국내로 돌아와 적십자 총재를 지냈으며 나라의 독립을 위한 민족운동에 가담했다. 1919년 고종이 승하한 뒤에 상해 임시정부로 탈출을 감행했으나 일본 경찰에 붙잡혀 강제 송환되기도 했다. 그는 일제 식민치하에서 그나마 나라의 독립을 위해 노력한 왕손이었으나 6·25 이후 곤궁한 생활을 하다가 79세에 쓸쓸한 죽음을 맞이하였다.

황태자 영친왕은 11세의 어린 나이에 이토 히로부미에 의해 일본으로 강제 유학을 가서 일본 육군사관학교에 다녔다. 1920년에는 고종이 끝내 거부하고자 했던 일본 황실과의 정략결혼까지 해야 했다. 1926년 순종 사망 후 왕위 계승자가 되었지만 국내에 들어오지 못하고 계속 일본에 머물렀다. 어릴 때부

영친왕 황태자 영친왕은 11세에 이토 히로부미에 의해 일본으로 강제 유학을 떠난 뒤 거의 평생을 일본에서 살았다. 그의 입국은 1963년 일본과 국교가 수교된 후에야 가능했지만 병이 들어 계속 병원에 입원해 있다가 1970년 74세에 영면하였다. 영친왕의 불행한 일생은 국권을 상실한 왕실의 종말을 그대로 보여준다.

터 볼모로 끌려간 그는 국왕으로서 나라의 독립을 위해서는 거의 아무 일도 하지 못한 채 해방을 맞이하였다.

영친왕이 국내에 들어온 것은 일본과의 국교가 수립된 1963년이 었다. 그러나 그는 이미 뇌혈전증으로 인한 실어증을 앓는 몸이었다. 국내에서도 계속 병원에 입원해 있다가 1970년 74세에 힘겨웠던 생을 마감하였다. 국권을 상실한 나라에서 왕실의 불행한 종말을 그대로 보여주고 있었다.

여성 근대교육의 선구자

고종은 부강한 나라의 개화와 발전은 그 백성의 깨어 있는 의식에 달렸다고 생각했다. 그래서 무엇보다도 백성의 교육을 중요하게 생각하여 1895년 2월 교육강령을 선포한다. 그 이전에는 선교사에 의한 외국인 학교들이 주류를 이루다가 이때부터는 민족 자본에 의한 근대교육과 학교 설립이 가속화되었다.

1905년 일본과 불평등한 을사늑약乙巳勒約이 체결된 후 학교설립은 더욱 급증하였다. 교육을 통해 국가 재건을 이뤄보겠다는 국민적 공감대가 형성되었기 때문이다. 궁중에서 여러 외국 사신들을 접하면서 신문물을 접한 엄귀비 역시 스스로 나서서 고종의 교육개혁을 도왔다. 여성 인재 양성으로 근대화를 앞당기고자 자신의 사재를 털어 학교설립을 지원했다. 그녀는 자신의 친정 조카인 엄주익과 사촌동생 엄준원을 통해 여학교 설립과 지원에 나선다. 양정의숙과 진명, 숙명여학교는 바로 엄귀비의 지원에 의해 설립된 명문학교였다.

한성부 판윤, 군부대신 서리 등을 역임하며 일본의 근대적 군사

교육제도를 시찰했던 엄주익은 근대적인 남학교의 필요성을 절감하여 1905년 5월 12일 양정의숙을 설립하였다. 하지만 1907년 재정난의 위기에 처하자, 엄귀비가 경선궁과 영왕궁에 소속된 전남 함평·무안·광양 및 경기도 이천 등지의 토지 200만 평을 기증하여 학교를 되살렸다.

사촌동생 엄준원은 고종황제와 명성황후의 통역을 맡아왔던 여메례황과 함께 1906년 4월 21일 진명여학교를 설립하고 초대 교장을 맡았다. 엄비는 진명여학교를 위해 경선궁 소유인 강화군의 토지, 전답, 임야 등 100여 평과 부천의 토지 80여 평, 자하골(창성)에 있는 1000여 평 대지에 있는 기와집 한 채를 재단에 제공하였다. 진명은 처음에는 무의탁 소녀들을 위주로 하다가 국권회복의 내조 역할이 절실하다 하여 보통 가정의 소녀들로 대상이 바뀌었다.

반면 숙명여학교의 전신인 명신여학교는 명문가족의 딸들만 따로 모아 교육할 목적으로 엄귀비가 설립한 귀족여학교였다. 의왕비, 영선군 부인, 조영하의 정경부인 이정숙 등 10여 명의 고관대작 부인들로 조직된 '귀족부인회'의 협조로 1906년 5월 22일 영친왕의 당호 명신재의 이름을 본떠 개교하게 되었다. 그러나 일본 화족여학교를 모방한 명신은 일본여성 후치자와 노리에를 학감으로 초대할 정도로 친일성이 강한 학교였고, 현모양처 교육에 치중하였다. 창립 5주년을 맞아 엄귀비는 용동궁과 신천 토지 160만 평, 파주, 재령 등의 토지 100여 평을 하사하여 재단을 재정립한 뒤 1910년 학교 명칭을 숙명으로 개명하였다.

특이한 점은 엄귀비가 궁궐의 궁녀들을 숙명에 입학시켜 근대 교육을 받게 하였다는 점이다. 〈동아일보〉 1935년 5월 16일자에는 "2회 졸업식에는 제법 졸업생이 많이 났으니, 이것은 궁중에서 여

덕수궁 즉조당 엄씨는 1911년 58세의 나이로 덕수궁 즉조당에서 생을 마쳤다. 사망 원인은 장티푸스. 어릴 때 헤어졌던 영친왕이 귀국하여 어머니의 시신이라도 확인하려 했지만 전염병이라는 이유로 접근할 수 없었다.

관女官 열세 사람을 내보내서 공부를 시킨 까닭으로 졸업생이 많아진 것이다. 여관 13명이 졸업장을 한 장씩 들고 다시 궁중으로 돌아가는 사람도 있고 자기 집으로 돌아가는 이도 있었다"고 보도하고 있다. 세상이 달라졌으니 궁녀들도 궁궐에만 묶어둘 수 없는 현실을 반영하고 있다.

　엄귀비의 후원으로 인하여 진명과 숙명의 학생들은 학비 한푼 내지 않고 기숙사 생활을 하였으며 교육비와 숙식비, 교복까지 무료로 지원받았다. 오늘날 무상교육보다 훨씬 좋은 조건이었다. 당시 양정, 진명, 숙명 3개의 학교를 오누이 학교라고 불렀다. 양정학교는 한국식 교육, 진명은 서양식 교육, 명신은 일본식 교육을 하겠

덕안궁 순헌 황귀비 엄씨의 사당. 그녀에게 내려진 시호는 '순헌'이고 사당의 궁호는 '덕안', 원호는 '영휘'이다. 덕수궁 경선궁을 덕안궁으로 이용하다가 1929년 7월 육상궁 안으로 옮기면서 지금의 칠궁이 되었다.

다는 게 엄귀비의 뜻이었다. 학교 운영 면에서 친일적 요소라든가 현모양처의 여성관에서 크게 벗어나지 못한 점은 시대적 한계로 지적할 수 있지만, 황실이 나서서 학교설립에 투자했다는 것 자체는 큰 의의가 있다. 특히 여성이 제대로 교육받지 못하던 시절, 소녀들을 가정의 테두리 안에서 '학교'라는 공적인 공간으로 불러내었고, 단체로 기숙사 생활을 했다는 것 또한 파격적이었다. 근대적인 여성교육과 신문물을 통해 유교적 가치관은 조금씩 허물어졌고 새로운 평등관을 가진 신여성이 등장하는 계기를 마련하였다. 1919년 3·1만세 운동에 많은 여학생들이 참여한 것도 바로 이러한 신교육의 영향이었던 것이다.

이처럼 근대화에 따라 변화하는 황실 여인의 모습을 보여준 엄귀비는 1911년 58세의 나이로 덕수궁 즉조당卽阼堂에서 생을 마쳤다. 사망 원인은 장티푸스. 어릴 때 헤어졌던 영친왕이 귀국하여 어머니의 시신이라도 확인하려 했지만 전염병이라는 이유로 접근할 수 없었다. 엄귀비는 죽어가면서 "오직 아들 은을 보지 못하고 죽는 것이 한"이라는 말을 남겼다. 시호는 '순헌純獻', 사당의 궁호는 '덕안德安', 원호는 '영휘永徽'가 내려졌다. 장지는 명성황후가 묻혀 있던 홍릉 근방으로 지금의 청량리에 있는 영휘원이다.

진명과 숙명의 여학생들은 한성 내의 여학교들과 연합하여 신문로 밖 독립관에서 '순헌귀비' 추도회를 열었다. 엄귀비는 떠났지만 그녀가 설립한 여학교를 통해 여성 인재들은 계속 배출되었고, 그로 인해 신세대 여학생들에게도 순헌 황귀비가 기억될 수 있었다. 비록 보잘것없는 궁녀의 신분이었지만 고종을 도와 대한제국의 건국에 기여했고, 황실의 재산을 공익을 위해 기부하여 많은 사회적 업적을 남긴 여인이었다.

철종 5년(1854)	6. 6	서울생. 영월 엄씨. 부父 엄진삼
철종 12년(1861)		8세에 궁녀로 입궁하여 명성황후 시위상궁이 됨
고종 22년(1885)	추정	고종의 승은을 입음
고종 32년(1895)	8. 25	을미사변 이후 5일 만에 입궁
건양 원년(1896)	2. 11(양)	아관파천 당시 고종을 모심
광무 원년(1897)	10. 20(양)	황자 이은을 낳고 '선영'이란 이름을 하사받음
	10. 22(양)	엄상궁에서 '귀인'으로 봉작
광무 4년(1900)	8. 3(양)	'순빈'으로 책봉
	8. 17(양)	이은을 영왕에 봉함
광무 5년(1901)	10. 14(양)	'순비'로 책봉
광무 7년(1903)	12. 25(양)	'황귀비' 책봉
광무 9년(1905)	5. 12(양)	양정의숙 설립
광무 10년(1906)	4. 21(양)	진명여학교 설립
	5. 22(양)	명신(숙명)여학교 설립
1911년	7. 20(양)	황귀비 엄씨 58세 사망
	7. 27(양)	시호는 '순헌', 궁호는 '덕안', 원호는 '영휘'
1929년	7.	덕안궁이 육상궁 안으로 옮겨지면서 칠궁이 됨

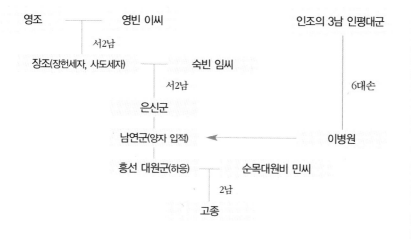

영조 ─┬─ 영빈 이씨
　　　서2남
장조(장헌세자, 사도세자) ─┬─ 숙빈 임씨　　　　인조의 3남 인평대군
　　　　　　　　　　　서2남　　　　　　　　　　　　　│
　　　　　은신군　　　　　　　　　　　　　　　　　6대손
　　　남연군(양자 입적) ◄─────────── 이병원
　　흥선 대원군(하응) ─┬─ 순목대원비 민씨
　　　　　　　　　　　2남
　　　　　　　고종

제26대 고종 (형, 익성군 1852~1919)

명성황후 민씨(1851~1895)	‥‥‥‥‥	4남 1녀 (2남 순종만 남고 모두 일찍 사망)
황귀비 엄씨(1854~1911)	‥‥‥‥‥	1남(영왕)
귀인 영보당 이씨(미상)	‥‥‥‥‥	1남(완화군)
귀인 장씨(미상)	‥‥‥‥‥	1남(의왕)
귀인 광화당 이씨(1887~1970)	‥‥‥‥‥	1남(육, 일찍 사망) 1녀(일찍 사망)
귀인 보현당 정씨(미상)	‥‥‥‥‥	1남(우, 일찍 사망)
귀인 내안당 이씨(미상)	‥‥‥‥‥	1녀(일찍 사망)
귀인 복녕당 양씨(?~1929)	‥‥‥‥‥	1녀(덕혜옹주)
삼축당 김옥기(1890~1972)	‥‥‥‥‥	후사 없음

| 참고문헌 |

⊛ 사료 및 연구 논문

《조선왕조실록》
《고종순종실록》

《경국대전》, 한국법제연구원, 1993
경기도편, 〈군사보호구역 문화유적 지표조사 보고서〉, 국립문화재 연구소, 2000
〈대전회통 연구〉, 한국법제연구원, 1993
민족문화추진회 편, 《대동야승》, 민족문화추진회
민족문화추진회 편, 《국조보감》, 민족문화추진회, 1996
서울대 규장각, 규장각 소장의궤 해제집 《광해군사친추숭도감의궤》, 《선조묘호
　　　도감의궤》
서울대 규장각, 규장각 소장의궤 해제집 《숙빈 상시봉원도감의궤》
선원보감편찬위원회, 《선원보감 Ⅲ》 후비 · 어제편, 계명사, 1989
이긍익 공편, 《연려실기술》, 민족문화추진회
이오분, 〈언비 가문에서 운영한 교육기관에 대한 연구〉, 명지대학교 교육대학원
　　　석사논문, 1999.
정경희, 〈조선 후기 궁원제의 성립과 변천〉, 서울학 연구 제 23호(2004. 9), 서울
　　　시립대학교 부설 서울학연구소
《최숙원 호산청일기》, 장서각
〈숙빈최씨 궤연 급 정빈이씨사우 치제문〉, 장서각
한국정신문화연구원, 《장서각도서해제 Ⅰ》, 1995
한국정신문화연구원, 《황귀비 금책문 해제》
한국정신문화연구원, 《휘경원 원소도감의궤 해제》
한국정신문화연구원, 《휘경원 천봉원소도감의궤 해제》

🎴 단행본

구인환 편, 《인현왕후전》, 신원문화사

김동필 편저, 《정읍의 전설》, 정읍문화원, 2001

김만중, 《조선군주의 정치기술》, 거송미디어

김용숙, 《조선조 궁중풍속 연구》, 일지사

김인호, 《우리가 정말 몰랐던 조선 이야기1》, 자작나무

김현룡, 《한국문헌설화2》, 건국대 출판부

김형광, 《이야기 조선야사》, 시아출판사

민진원 저, 이희환 역, 《단암만록》, 민창문화사

박광용, 《영조와 정조의 나라》, 푸른역사

박영규, 《조선의 왕실과 외척》, 김영사

박영규, 《한권으로 읽는 조선왕조실록》, 들녘

변원림, 《고종과 명성》, 국학자료원

(사)담양향토문화연구회, 《담양설화》, 2002

신명호, 《궁녀》, 시공사

신명호, 《조선 왕실의 의례와 생활》〈궁중문화〉, 돌베개

윤정란, 《조선의 왕비》, 이가출판사

이능화, 김상억 옮김, 《조선여속고》, 동문선

이덕일, 《당쟁으로 보는 조선역사》, 석필

이덕일, 《사도세자의 고백》, 휴머니스트

이덕일, 《여인열전》, 김영사

이덕일, 《조선 최대갑부 역관》, 김영사

이덕일, 《조선왕 독살사건》, 다산초당

이사벨라 버드 비숍 저, 이이화 옮김, 《한국과 그 이웃나라들》, 살림

임용한, 《조선국왕이야기2》, 혜안

장봉선, 〈정읍군지〉, 1936

정재륜, 《공사견문록》, (사)세종대왕기념사업회

지두환, 《선조대왕과 친인척》, 역사문화

지두환, 《세계문화유산 종묘 이야기》, 집문당

지두환, 《장희빈》, 역사문화

최은희, 《여성을 넘어 아낙의 너울을 벗고》, 문이재

카르네프, 미하일로프 외, A. 이르계바예브 역, 《내가 본 조선, 조선인》, 가야넷

파주문화원, 《파주금석문대관》, 2000
한명기, 《광해군》, 역사비평사
한영우, 《창덕궁과 창경궁》, 열화당
혜경궁 홍씨, 이선형 옮김, 《한중록》, 서해문집
황현 저, 임형택 외 옮김, 《매천야록》, 문학과 지성사